第一
印象手册

［日］柳沼佐千子◎著

王楠◎译

空気を読まずに
0.1秒で好かれる方法

ZHEJIANG UNIVERSITY PRESS

浙江大学出版社

"为什么我会被人讨厌呢？"

在我过去的人生中，这句话总是回荡在我的脑海里。

从小，在人前说话就不必提了，即使是与邻居打招呼，我都会感到十分紧张。回想起来，那时候的我总低着头，像逃跑一般边走边在内心祈祷着不要碰到熟人。之后我在学校一直被欺负，走上社会后也游离于人群之外。

我对人际关系的苦恼从未得到过缓解。

这种压力使我原本就有的特应性皮炎更为严重，同时还导致了不明原因的呕吐和头痛，令我大为苦恼。

上大学时，我想改变自己，建立自信。为此我开始新的尝试，去上模特学校，并加入模特事务所，但并不顺利。大学毕业后，我为了成为一名职业高尔夫球手而奔赴加拿大。回国后我又放弃了职业高尔夫球手的工作，尝试了文员、广播电台音乐节目主持人、有线电视台播音员等职业。在那段时间里，我结了婚，并且幸运地孕育了两个孩子。

然而，无论换到何种工作环境，我无法处理好人际关系的情况都没能得到改变。我觉得我的工作很有意义，可就是不明白，自己为什么会让周围的人感到不舒服。在那种毫无头绪的情况下工作，让我觉得非常憋闷和痛苦。

与这种烦恼加剧相对应的是，我潜心投入从学生时代起就开始的有关沟通方法的学习和实践中。我阅读了大量关于沟通技巧和心理学、脑科学的书籍，并在日常生活中逐一实践阅读中习得的方法或知识，然后观察他人的反应，如此反复"实验"。

通过这种方式，在 20 年的反复试错中，我逐渐意识到，当我表现出**有些夸张的表情、姿态或手势时**，往往可以得到对方的积极回应。于是我明白，**不用刻意去迎合对方的秉性或当时的情况，我们用同一种方式，就足以应对所有人。**

于是不知不觉间，我对于人际关系的苦恼消失了。

历尽艰辛，我最终掌握的近乎夸张的表情、姿态和手势，成为我**获得他人好感的形式**。大家可以把这种形式与武士道和茶道等所讲究的"型"相类比。

这种**获取好感的形式，可以直接触达对方的右脑**，具体内容我会在书中详细讲述。我相信，**掌握这种形式后，任何人都能获得任意对象的好感**。

在本书中，我们将这种形式称为更易于理解的"模式"。

这种模式非常容易实践，即使是那些不善察言观色、被批评为不识趣的人也一样，因为在我看来，**实在没必要察言观色**。

相反，本书要告诉大家的方法就是不能察言观色。换句话说，**正因为"不会察言观色"，才被人喜欢**。这正是这种模式最独特的地方。

辞去了前面所说的干了两年的播音员工作后，我觉得，我可以将这种模式教授给与我拥有同样烦恼的人，因而开始创业，面向企业开展名为"印象培训"的业务。

与常规的礼仪培训使人获得常识或正确的行为方式

不同，**我的这一培训是以提升第一印象，从而获得更多业务机会为轴心的。**例如，通过给他人留下"这个人我喜欢""很有亲和力"等好印象，使得对方产生"如果是他让我买，我就尝试一下""这个人感觉很靠谱，就交给他好了"这样的想法。

幸运的是，截至 2018 年 5 月我写这本书的时候，也是我的创业生涯迎来第 9 个年头之时，已经有 15000 多人接受过这种模式的培训。

另外，在培训时与大量人员接触的过程中，我证实了曾经的假想——第一次见面就会被人讨厌。

没有明确的理由，却莫名其妙地被人讨厌或让对方心情不愉快的那些人，存在一个共同点——不知怎么的就是让人感觉不舒服。以对方的角度来看，虽然并非受到了明显的冒犯，但就是会对其留下莫名有点不太喜欢的嫌恶印象。

为了摆脱含糊的"不良印象"，能够在任何人面前瞬间留下好印象，了解这种万人通用的模式是一条捷径。

例如，即使别人教我们在迎接顾客时要带上灿烂的微笑，你难道不觉得，"灿烂"和"微笑"的标准都是因人而异的吗？另外，自己眼中的自己和别人眼中的自己也有可能完全不同。因此，我去掉了诸如"灿烂的笑容"和"爽朗的问候"这类含糊的表达，尽量消除因人而异的因素的影响，从而总结出这套模式。

到目前为止，我已经为各行各业的公司提供了培训服务，以酒店和美容院等服务行业为主，也包括餐饮店、百货商店等零售业，房地产公司等与住房相关的开发商及旧房改造公司等行业。值得庆幸的是，培训的回购率超过90%。这无疑是因为，客户公司所期望的销售业绩、消费者回购率及员工的服务水平等，已经在数据上呈现出提升的趋势。

关东地区大型私营铁路公司小田急电铁，为在车站工作的所有员工（约 1000 人）引入了这项培训。

通常，车站站台的工作涉及人的生命安全，公司对工作人员的要求集中在全神贯注保护乘客的安全这一方面，所以，站务员的表情一般都很严肃，有时甚至会有些严厉。为了给乘客提供更好的服务，公司开始采取相应的举措。

培训结束后，公司每年两次委托外部调研公司进行的服务水平调查结果显示，评分较上次调查总体上升了约 21%，而此前每次调查评分几乎都没有什么变化。另外，公司内部以往每次评分排名都在最后的辖区，这次的评分上升了约 51%。这些数据可以让人直观感受到这种模式的即效性。

之后，由于该公司员工每天早上会在各个车站以团队的形式继续就培训中学到的内容进行训练，在一年后的服务水平调查中，小田急电铁在关东铁路公司中取得了第一名。这说明，我当初接到这个培训讲师工作时所期待的目标达成了。

此外，水户广场酒店在接受培训后，先是荣登了"一休.com 服务满意度"东日本区域第一名，后来又获得了"Jala 住在这里太好了！关东甲信越"第一名、"乐天旅游全国酒店排名"综合第一名等荣誉，在旅游网站上不断收获客户的好评。[1]

我想把这种受到诸多客户公司青睐的模式，分享给那些明明努力了，也有实力，却没有得到想要的结果的商务人士，以及那些希望改变个人印象、改善人际交往能力的人——这就是本书的创作初衷。

我现在不仅不会像过去一样被人讨厌，而且还能得

---

[1] 译注：一休、Jala 是日本酒店预订网站，乐天旅游是日本最大的旅游网站。关东甲信越是广义关东地区，包括关东地区和甲信越地区，其中甲信越指山梨县、长野县和新潟县三地。

到人们的积极称赞或回应，我的工作机会增加了，身体状况也得到了改善。

我想，拿到这本书的人，大部分拥有上进心，在自己负责的业务领域中不断学习，锻炼着自己的业务能力，拼尽全力努力着。我相信，这种模式会让你的付出得到回报！

希望大家能将这本书的内容付诸实践，在日常生活中大放异彩。若本书能为大家提供些许助益，我会感到非常高兴。

柳沼佐千子

第三章　瞬间抓住人心的聊天技巧

第四章　最大限度地调动对方积极情感的表达方式

第五章

通过表情＋聊天技巧＋表达方式，成为一个总是受人喜爱的人

空気を読まずに
0.1秒で好かれる方法

第一章
莫名的坏印象可以被改变

成也印象，败也印象

我想，大部分人都会感觉到，对人的第一印象其实决定了之后双方关系的走向。

例如，从车站到自己家这段路上有几家便利店，在这些店的位置和售卖物品都差别不大的情况下，你是不是会根据店员给你的感觉，选择走进某家店？同理，即使是相传味道一流的餐厅，如果你刚进店就看到店员绷着的脸，恐怕也会感到不舒服，再好吃的饭菜也变得索然无味了吧？

"虽说不是特别没礼貌，但就是感觉差了那么点。"

就是这个**"感觉差了那么点"**里面大有文章。这是因为，人们难以直截了当地对某个方面提出明确的改进意见。

第一印象尤为重要，这与大脑的反应有关，关于这一点，会在后文详细说明。

人们会依据遇见的那一瞬间的样子，判断对对方的印象。同时，这种判断会对双方今后的关系产生重大影响。极端一点说就是，既有人因为第一印象，就与对方确立了后续的良好关系，从而在事业上取得成果；也有很多人因为那一瞬间的印象而失去了很多机会。

虽然很多人都明白这个道理，但到了自己身上就难以自控的情况，却出乎意料的多。尤其是那些认生的人，极易由于紧张而面部肌肉僵硬，想笑却笑不出来，不知道该说些什么。

即使是不认生的人，在与客户初次见面、第一次约会、第一次学习某项事务、第一次去对象家等场合，或多或少都会感到紧张。

然而，在这些状况下，如果可以带着灿烂的笑容打招呼或者交谈，就可以进一步促进双方关系。在这一点上，无关男女。

女孩子不应该轻浮地露出牙齿笑——也许有人被灌输了这样的价值观，但很明显，社会的常识已经发生了巨大的变化。

我大学毕业后，在加拿大度过了两年半的时光。在加拿大等地的欧美文化圈中，男性也好，女性也罢，大家都会面带笑容地交流。有一种说法是，在集合了多元的语言、风俗及思维方式的多民族社会中，笑容是向对方传达自己不是敌人的重要方法之一。

岛国日本也在"全球化"，这种全球化不仅是指赴日外国人的增多，也体现在国民的社会价值观逐渐向欧美靠拢。现在，不苟言笑、寡言少语的男性更值得信赖的价值观正变得淡薄，相反，能面带微笑进行交流的人社会性更强的评价越来越盛行。大家开始自然而然地认为，与笑容可掬的人在一起，心情会更加愉悦。

如果对方给人的第一印象比较好，人们在初遇的一瞬间，就会开启"感觉这个人很好"的开关，我把这个叫作**粉色开关**。一旦这个粉色开关打开，人的心中就会给对方加上**粉色滤镜**，对方的各种言行看起来都会比较美好，值得信任。有了好感的基础，之后就更容易接收到来自对方的刺激。

反之，如果一开始的印象比较差，人们就会打开相反的开关，我把这个叫作**黑色开关**。这个黑色开关一旦打开，就像是给对方加上了**黑色滤镜**，对方的任何言行都会变得讨厌起来，各种行为都会让人持怀疑态度，糟糕的时候，甚至连对方的话都懒得听。这是因为有了不愉快的感觉作铺垫，对方给予的刺激也都变成了负面的。

尽管加上了不同颜色的滤镜，会导致我们对对方的评价或态度产生巨大差别，**但是由于我们自己并没有意识这一点，因此也就不会意识到，自己是仅凭第一印象——从某种意义上说就是仅凭"成见"来对一个人下判断的。**

然而比较麻烦的是，**大多数情况下，只要对方没有发生改变，初次见面时加上的滤镜，在第二次、第三次见面时依然会存在。**例如，如果我们对常去的便利店的店员加上了粉色滤镜的话，在结账时，如果对方说"现在油炸食品在打折，要不要来一个"，或许平时不怎么买油炸食品的人也会觉得可能会很好吃，然后就买了。

可如果我们加上了黑色滤镜的话，就完全变成了另一种情况——顾客内心会焦躁地想："真是吵死了，安安静静地结账不就好了！"从便利店买完东西回到家，顾客如果发现买了的东西没有被装进购物袋的话，在黑色滤镜下，店员的失误就更加严重了。这时候，顾客就会更加心烦气躁地觉得："一定是那个店员搞错的，他平时就注意力不集中，我就知道他一定会犯这种错误。"

如果顾客是戴着粉色滤镜来看待这件事情，则会以豁达的态度来对待店员的失误。

一旦戴上了有色眼镜，想要改变印象可不是一件简单的事。实际上，我也有过这类痛苦的经验。在我光顾一家新的美容院大约一年半左右后，我的美容师开玩笑似地说了一句话："柳沼女士您刚来我们店时的情景，我到现在还记得。当您打开门的那一瞬间，我心想：'啊，这个人谁来负责啊？难道是我？'"

这句话让我的大脑一片空白。

他接着又说："但是，我现在不这样想了……"

然而我当时的思绪完全乱了，并没有听到他之后说的话。

我仅仅是打开门走进去而已，就给他留下了那样的印象吗？他说的这句话，重重地压在我的心头。

在那之前，从那位美容师的态度中，我根本没有意识到自己被嫌弃了。

原来早在我们交谈之前，见面的那一瞬间，他就给我加上了黑色滤镜。我不知道这个黑色滤镜持续了多久，但是，他过了一年半才吐露心声，说明他应该在很长一段时间内都戴着黑色滤镜看我。

约定的时间我从未迟到，也从未抱怨或给他添过麻烦。即便如此，一旦我被他认为是个讨厌的人，想要改变这个印象就很难。

如果是没有利害关系的人，即便是被对方加上黑色滤镜审视，也可以因为合不来而放弃交往，或是随着时间的推移让对方慢慢了解自己。可如果是工作上的合作方，一旦被对方认为是个令人讨厌的人的话，很可能就没有合作的机会了。

因此，我们必须注意第一印象。如果意识不到这一点，一直被人按下黑色开关，就会导致巨大的损失。

　　如果给人的第一印象比较差，对方就会打开黑色开关。一旦戴上了有色眼镜，改变印象可不是一件简单的事。

莫名让人感觉不舒服的人的三个共性

是什么原因导致对方按下黑色开关，对我们留下莫名让人感觉不舒服的印象呢？我在这里介绍三个因素。

首先是**表情，尤其是微笑的使用方法**。

以客户服务现场为例。假设场景为你去商店买衣服，当你想找导购员询问一下时，看到对方正板着个脸在整理衣服，然后你就犹豫了……其他服务现场的情况也是如此，店员在接待客户时的表情，都会被客户真真切切地看在眼里。

另外还有一些不好的例子，比如有些服务人员说"欢迎光临"时是 100 分的笑容，然而说完马上就面无表情；有些人在收银台后皱着眉头清点文件……

不仅限于服务行业，即使是普通白领，在自己的工位上对着电脑打字，或开会前在会议室等候大家集合时的表情，都会被人看在眼里。

事实上，无意识的面部表情，即所谓的**"绷着个脸"的表情**，往往会被他人看成是**"可怕的表情"**或**"令人讨厌的表情"**。而没有发现或意识到这一点的人，往往容易给人留下不好的印象。

其次是聊天方式，尤其是音调。

如果早上到公司时，对方闷声闷气地跟你打招呼说"早上好"，你就不禁会想：他是不是不想和我打招呼。如果上司让下属对这次的新项目提出一些想法，而下属用低沉的声音回答"好的"，上司应该也会认为这个人没有干劲。

在商店也是如此。如果店员第一声"欢迎光临"说得又轻又低沉，就会让顾客感觉店员心情不好，从而感到心里不舒服。

但是，如果很响亮地说"欢迎光临"，然后又以同样的音调继续说"您需要些什么呢？""今天上了很多新产品！"等，一直提着嗓子喊的话，也会使顾客感到烦躁，产生不愉快的情绪。

这些做法说明当事人都没有掌握使对方心情愉悦的聊天方式。

最后是肢体动作和手势。

依然置身客户服务的场景中想象一下。我经常看到这样的情景：客户站在店员背后讲话时，店员虽然会回复，但回答时往往声音低沉，而且面无表情，头也不回。

办公室交流也是如此，一边与人说话一边盯着电脑、敲着键盘的行为，真的十分不礼貌。

还有说话时不面向对方的人，也极易给人留下糟糕的印象。

现实是，我们很多时候难以意识到自己的某些习惯性动作或手势。对此，索性去问一问周围的人对我们的印象，也是个不错的选择。

了解了以上三个因素之后，接下来，本书的重点就是解决这三个莫名让人感觉不舒服的问题。

通过良好的基础，快速给人留下好印象

序言中已经提到，我因为想帮助那些与过去的我拥有相同烦恼的人，尤其是那些在工作中必须与人接触的人，所以开始了这项事业。

但当时的我，既没有在人事部门工作的经验，也没有参加过培训，更没有接待客户的经验，可以说没有任何"招牌"。所以我去了当地的商工会议所[1]与工作人员沟通，希望可以让我去做讲座。

起初，我很担心他们不愿意听我这个尚未有实际成果的人讲话，但事实证明，我成功地让他们对我的方法

---

[1] 译注：日本商工会议所，简称"日商"，是日本历史最悠久的全国性综合经济团体。

产生了兴趣，并且在第二次拜访时，我就收到了他们希望我去做讲座的回复。就这样，我的第一次讲座定了下来。

大约是 9 年前，我向当时的负责人询问了当初愿意给我这个毫无经验的人机会的原因。对方的回答是："第一次见到你的时候，我就被你的笑容感染。然后在交流的过程中，我就逐渐确信，你开讲座肯定没问题。"这对我来说简直是最高的赞美，我至今也没有忘记当时那份发自内心的喜悦。

如果能意识到莫名让人感觉不舒服的问题所在，并有意识地摆脱掉这些问题，就可以改善自己给他人的印象，对工作也有所裨益，这些都是我的亲身体会。同时，摆脱问题的过程也是与容易给人留下不好的印象、总是被人拒绝的自己告别的过程。

在接受过我培训的公司中，Takara standard 公司是一家住宅设备制造商，在全日本范围内设有展厅。我得到了他们这样的反馈："展厅顾问的客户服务质量有所提高，接受过您建议的展厅，现场的订单量也有所上升。"

Takara standard 是一家将展厅顾问纳入正式员工体系的公司，他们的产品介绍水平几乎可以说是业界第一。即使是这样的企业，他们在客户服务方面依旧存在改进的空间。当然，在进行培训之前，该公司的展厅顾问已经很注意待客礼仪和礼貌了，但我还是向他们提了一些建议。例如，不要忽视客户进入展厅**那一瞬间的**（工作人员的）**微笑和问候**，以及工作人员在没有接待客户时，也应时刻记住客户可能随时会找自己，因而需要**一直保持待机式微笑**（后文会详述）。

顾问们根据客户的需求，向他们介绍集成厨房或卫浴产品。不同的客户有不同的需求，有人需要产品的详细介绍，也会有人不需要。根据不同客户的需求，服务方式也会不同。然而，在培训结束后，越来越多原本看起来只是随便逛逛的客户也会主动向顾问询问更多产品细节。这是因为培训后，展厅内的氛围发生了改变，顾问们即使是在没有服务客户的时候，也营造出了十分容易被客户亲近的氛围，让客户产生"这个人应该性格很好，我问问他吧"的想法。

据说，培训结束后，随着展厅内氛围的变化，客户的二次到店率有所提高，产品预订率也得到了提升。此外，展厅顾问本身也产生了变化，随着"我非常高兴被客户询问"和"为客户服务变成了一件开心的事"这样的热情的高涨，顾问们自身形成了一种微笑的良性循环。

不仅仅是展厅，对任何门店来说，如果员工能营造出一种很容易被顾客亲近的感觉，与顾客之间的沟通一定会有所增加，这样就会防止机会的流失。

有了被人喜欢的基础，就可以被人加上粉色滤镜。因为戴着粉色滤镜的客户会带着善意下判断，所以即便卖的是同一款产品，遵照同样的说明书来接待客户，被加上粉色滤镜的顾问就处于有利位置。

有了更容易被人喜爱的基础，工作就会更顺利。正因如此，接受过我培训的公司基本都取得了好的成效。

即使表现过头也不会被人讨厌的三个技巧

也许有人听说过"梅拉宾法则":一个人对他人的
印象,55%取决于表情等视觉信息,38%取决于声音或
说话方式等听觉信息,而谈话内容只占7%(见图1)。

图 1 梅拉宾法则

这个法则来源于美国心理学家阿尔伯特·梅拉宾
（Albert Mehrabian）的实验结果。这个实验测试的是，
如果说话者的说话内容、给出的听觉信息和视觉信息不
一致，听众会优先获取哪些信息。

　　如果有人面带笑容、声音洪亮地询问："我发烧了，
可以早点走吗？"听者一定会想："这副样子哪里像生
病的人，肯定是装病。"而如果有人用一种微弱而低沉
的声音说："我今天玩得很开心。"听者肯定会觉得他
实际上是不开心的。这就是梅拉宾法则。

　　一边对客人说"欢迎欢迎，我已恭候多时"，但同
时表情、声音和姿势并没有表现出欢迎的样子，客人印
象更深的，会是你的表情和声音等传递的不欢迎信息。

　　而我切身感受到，在很多情况下，如果可以控制自
己的表情、说话方式、肢体语言和手势，就可以让对方
对我们加上粉色滤镜——重要的是要掌握控制这些的
方法。

　　尽管大家都知道给他人留下良好印象的重要性，但
为什么就是有人做不到呢？

　　那是因为，虽然说话人想给对方一个良好的感觉，
但从对方的角度来看，说话人并没有触及自己内心的好
感地带。就"笑容"这个简单的词来说，它的概念其实

很广泛，有些人认为大大地张开嘴才是笑，也有人认为微微眯起眼睛就是笑。

很多公司虽然想提高客户服务水平，却又没有意识到每个人对于笑容的理解差异，而只是倡导一些诸如"要带着灿烂的笑容""要有爽朗的声音"或"诚心诚意"这样模糊的概念。这样的公司出乎意料地多。

通过实践本书中介绍的**受欢迎模式**，可以避免这种模糊抽象的表达方式，使每个人都能做到标准统一，从而形成让对方的大脑瞬间产生好感的**受欢迎基础**。

受欢迎模式包含三个方面，分别是**表情、注意音调的聊天技巧、利用肢体语言和手势的魅力型表达方式**。通过这三个方面的结合，就可以消除让人感觉不太舒服的负面印象了。

当我在培训中展示微笑的示例时，有的学员会露出困惑的表情问："这会不会笑得太夸张了？"但是，**大脑如果没有感受到明显的变化，是不会做出反应的，所以即便信息传递者觉得夸张，在信息接收者看来，却刚刚好**。

有一次，我与在某次聚会上有过一面之缘的人重逢，他对我说："柳沼老师的笑容在任何时候都**恰到好处**。"但其实我表现出的是最大程度的尽情式笑容。这是因为，尽管我们自己已经刻意笑到了最大限度，但能传达到对方那里的却只有 70% 或 80%。

　　可能有人会认为，如果太夸张会显得刻意，反而招致对方的反感，但请反过来想一想，正因为乍一眼看上去比较夸张，要传达的信息才容易被对方理解，才能在瞬间触及对方。

0.1 秒的第一印象决定一切

脑科学家茂木健一郎有一本书名为《大脑陷入恋爱只需要 0.1 秒："红线"科学》（PHP 研究所出版）。这本书以大脑机制为例，即"大脑判断愉悦与否、喜欢或讨厌的时间，仅仅需要 0.1 秒"，从脑科学的角度来探讨爱情。

书中讲到，大脑杏仁核会根据眼睛和耳朵所接收的刺激，在一瞬间判断是愉悦还是不愉悦。随后，再由掌管理性的大脑新皮层做出冷静的判断。而杏仁核之所以判定为愉悦，是因为它分析得出音调让人感觉很舒服、笑起来很好看的结论。

重要的是，人的心情最开始不是由理性决定的，而是情感先行。并且，在杏仁核做出判断的短短 0.1 秒的时间内，就决定了是对对方按下粉色开关还是黑色开关。

我被这个事实震撼到了。

在那之前，我已经掌握了各种各样的技巧，例如如何附和对方、如何闲聊、如何接电话、正确的鞠躬角度、将要点总结为三点进行说明等。然而，其实在我使用这些技巧之前，见面最初的 0.1 秒就已经决定了我的胜负。

杏仁核做出反应的 0.1 秒只是一瞬间。如果看到对方的笑容后再回以微笑，迎合对方的讲话语气来改变自己的讲话方式的话，一切就太晚了。所以，重要的是主动出击，迅速地给对方留下好印象。

其实把握这 0.1 秒也并不困难。极端一点说就是，我们只需要做出或发出能让对方的杏仁核感受到"愉悦"并按下粉色开关的表情或声音即可。这不需要特别用心，所以不必担心难以做到。即使不擅长微笑，只要让自己的面部对能让对方大脑产生反应的表情形成肌肉记忆即可，就像走路时的腿部肌肉一样，不需要刻意去做。与其说是练习微笑，不如说是进行面部肌肉训练，即快速让对方产生好感的表情模式训练。

顺便说一句，顺天堂大学医学院教授，自律神经研究第一人小林弘幸教授，在其《调整自律神经：人生中最有用的"讲话方式"》（幻冬舍出版）一书中指出，自律神经的状态会影响人们的讲话方式，甚至是整个人生。

倘若自律神经紊乱，血液循环就会变差，注意力和判断力也会变得迟钝，这会导致对他人冷言冷语、无法冷静面对他人的愤怒情绪等情况。实验结果表明，**面带微笑地讲话可以调动副交感神经，即便是假笑，也能得到相同的结果。将微笑投射给他人，不仅有利于自身的健康，还可以调动他人的自律神经系统**。为了印证这一结论，医生们亲自进行了试验，通过对患者投以微笑来观察他们的反应。最终确定这一结论的依据就是，调动患者的自律神经后，他们的病情改善得更快了。

由此看来，我们若能时常面带笑容，就可以对人际关系和健康状况产生积极影响，对自身的好处自不必说，也能使自己的家人、客户及周围的人感到愉悦，产生良性的连锁反应。

另外，我想在此介绍一下由意大利神经生理学家贾科莫·里佐拉蒂（Giacomo Rizzolatti）发现的镜像神经元的作用。

在我们的大脑中有一种细胞，导致我们看见他人的表现时，会感觉自己也在做同样的事。换句话说，**如果你看到其他人欣喜的表情，自己也会展开笑颜，变得开心起来**，这对我们的健康也有帮助。这岂止是一石二鸟，甚至有"一石三鸟"的功效。

瞬间展露笑容的能力是需要训练的，本书第二章在介绍受人喜爱的面部表情的同时，也介绍了其练习方法。大家可以将这看作一个简单的肌肉训练，挑战一下试试。

空気を読まずに
0.1秒で好かれる方法

第二章
建立受欢迎的标准表情

可爱的朋友们

何为笑脸?

我还是学生时曾在建筑工地兼职保安,有次一时大意犯了一个错误,被现场主管责骂了一顿。因为事关生命安全,所以主管语气严厉也是很正常的,但还是学生的我,被主管的样子吓得缩成了一团。

然而,这位主管却在下一秒温和地笑着对我说:"现在知道为什么不能犯这种错误了吧?以后注意,不要再干这么危险的事了!"批评我时的恐怖神情,和那之后的满面笑容,使我的心情像是坐过山车一样忽上忽下,那种感受我至今都印象深刻。

那个时候,我从主管的笑容中感受到的是一种安全感——虽然他批评了我,但是并没有完全否定我。然后,我的心情开始变得积极："下次我一定要小心，不辜负主管的期望，让他看到我好好工作的样子。"

这是我深切地感受到笑容力量的一个瞬间。

正如在第一章中提到的，一个人决定对另一个人按下粉色开关还是黑色开关，只需要 0.1 秒。

为了让对方给自己加上粉色滤镜，见面的那一瞬间就是决定最终胜负的关键时刻，而能决定这一胜负的就是笑容。

关于礼仪培训和销售技巧的书中，几乎都会写要带着灿烂笑容问候他人，但是都没有具体描述应该做出何种笑容。

因此，人们大多数情况下只是做出自认为在笑的表情，并不知道自己的笑容反映到他人眼里是一种什么样的表情。

为了让他人对自己产生好感，必须展示出能让对方牢牢记住的笑容，并且要在对方的杏仁核产生反应的 0.1 秒内完成。换言之，我们需要在对方看见我们的那一刻，就已经做好笑的表情。

驱动行为的首先是情感，其次才是正确性

为了瞬间触动对方，就要表现出近乎夸张的笑容。我把它取名为尽情式笑容，并将其定位为"受人喜爱的基本表情"中最重要的一种模式。

尽情式笑容的优点是，即便距离很远，笑容也能够很好地传递给对方。例如，即使是在店的角落里工作的员工，也可以让顾客在打开大门的瞬间就感受到自己是被欢迎的。

我们在懂事之前就已经掌握了笑容，因此很多人没有对其深究过。并且，即使是想提高业务能力，大部分人也没有将笑容练习放在第一位吧？一般人会认为，记住商品的相关信息、掌握更好的展示技巧等，才更为重要。

当然，能够简洁易懂地向顾客介绍产品的性能或特征，的确是必备技能。然而，**在做出理性判断之前，顾客是以喜欢或讨厌的情感因素来做出判断的。**

我年轻的时候，有一位男性上司带我去了东京都内的一家俱乐部。我被桌上陈列的点心吸引了，但点心的价格却把我吓了一跳。这里卖的柿种饼干和百奇[1]比一般便利店卖的价格高出 10 倍以上，我对我的上司及其他客户毫不犹豫为此买单而感到惊讶。

我完全没想到，这是那个白天在会议上与我们进行诸如"今年的销售目标与去年相比涨了 2%""我们与其他公司的效能比较进行得怎么样了？"等理性讨论，处理各种详细数据的上司会干的事。

无论俱乐部里卖的柿种饼干或百奇多么昂贵，去那里光顾的人更多的是为那里奢华的氛围、恭候光临的灿烂微笑和热情的赞美而买单的。这些人的购买行为不是建立在经济或逻辑的正确性上的，**而是为了体会某种情感。**

这种事情并不仅仅发生在夜晚的城市里。

---

[1] 零食品牌，由江崎格力高株式会社生产的日式零食。

例如，汽车代理店[1]里，销售人员拼命掌握新产品的相关知识，一遍又一遍地进行角色扮演，为将新产品流畅地介绍给客户而反复练习。

"这款车有自动制动功能，停车时有辅助功能，非常方便。并且与其他车相比，这辆车每升油可以多跑大约3公里，接送孩子时也可以坐下很多小朋友。今天，如果您当场签约的话，可以给您3万日元的特别折扣！"

但实际上，客户在做出理性判断之前，情感已经先行了。如果客户感觉"我进店的时候，这个销售人员好像表现得很不耐烦"，因而给销售人员加上了黑色滤镜的话，听到上面这些话有可能就会想"这个人说话又快又啰唆，感觉好像很焦虑，是不是因为销售业绩太差，想马上把这辆车卖出去？我可不想被强卖，还是去别的汽车代理店看一下吧"。销售人员好不容易做完产品介绍，却完全没有把信息传到客户那里。

右脑掌控情绪，其产生的感受会影响左脑的理性判断。

由于许多代理店外面是透明玻璃墙，客户在进店之前就可以看到销售人员的灿烂笑容。进到店内后，如果再被销售人员以尽情式笑容接待，客户的心情就会变得

---

[1] 指日本的汽车代理商，等同于国内的4S店。

更好。这样的话，即使产品说明做得不够熟练，客户也应该会愿意购买销售人员介绍的产品。有的客户甚至可能在进店的一瞬间，就产生要在这家店买东西的想法。

想要促使对方行动，就要在对方做出理性判断之前，让对方在情感上按下积极的按钮，这将促使对方做出对我们有利的理性判断。

傻乎乎的笑容刚刚好

现在，让我们将话题回到使对方按下粉色开关的"尽情式笑容"上。

这种笑容有三个要点（见图2）。

第一个要点是嘴。做出发"yi"音时的嘴型，嘴角向两侧完全打开，使上排最内侧的牙齿都可以被人看到。此时，露出的仅仅是上排牙齿，尽量不要露出下排牙齿。

第二个要点是脸颊。像面包超人一样鼓起脸颊。

第三个要点是眼睛。眯起眼睛，形成新月横挂在天空的形状。

通过嘴、脸颊、眼睛这三个要点，使对方大脑产生反应。

这种"尽情式笑容"源于我的经历。

图 2　尽情式笑容

①嘴：做出发"yi"音时的嘴型，嘴角向两侧完全打开，展示上排最内侧的牙齿；

②脸颊：像面包超人一样，鼓起脸颊；

③眼睛：眯起眼睛，形成新月横挂在天空的形状。

通过①—③的练习，面部肌肉会变得柔软，嘴角自然就更容易上扬。

如前所述，我从小就容易给人留下不好的印象，却不知道问题出在哪里，**因此对自己完全没有信心，习惯自我否定**，导致心情更加郁闷，连改变的契机都找不到。我去上模特学校，是因为我为自己长得太高感到自卑（顺便说一下，我的身高是 172cm）。我想改变为了让自己看起来矮小一点而变成驼背的自己，觉得如果走路时像模特一样英姿飒爽，就可以变得自信了，于是我决定首先从这个方面改变自己。

在模特课堂上，有走向固定的相机并摆出姿势的练习。看完练习的录像后，我觉得自己真是超乎想象的糟糕。因为我对自己的牙齿也感到自卑，所以不喜欢张开嘴笑，这导致我的面部表情特别阴沉，原本是想模仿时尚杂志封面上模特的完美笑容，结果自己的表现却与之大相径庭。

到底怎么才能做出有魅力的表情呢？我对张开嘴笑有抗拒心理，但是，如果不露齿，我就无法得到改变。经过激烈的思想斗争，我决心尝试一下。

在接下来的一节课中，我试着在镜头前露出牙齿，做出夸张的笑容。而后，看着录像画面的同学们一起喊："好可爱！"那一刻，我在无比开心的同时也领悟到了笑容的关键——不是腼腆地笑，而是尽情地笑。即使没有令人自卑的牙齿，有的人可能也会因为程度夸张而感觉自己笑得像个傻瓜。可如果不做到这种程度，笑容就无法让对方感知到。

日本形象研究和指导的先驱西田文郎老师的著作

《No.1 的销售能力》（现代书林出版），是一本从脑科学角度来探讨销售和促销方法的书。**其中提到，大脑的学习分为三个步骤，最开始也是最重要的一步，是表现出类似"啊？"的震惊和意外。**

我们将这个论断放到与人见面的情境中体会一下。尽情式笑容是会让人感觉有点夸张的表情，因此对方的大脑会将此作为一种具有冲击力的事物来进行反应。从这个角度来看，极端地说，即便是笑了，但只是恰如其分的笑容，反而会给对方一种没有在微笑的感觉。既然想要做出笑容，那就要用能让对方的大脑直接产生反应的夸张的笑容，使对方按下粉色开关。

并且，**见面的那一瞬间，先下手为强**这种思维方式很重要，没有必要根据对方的脸色来改变自己的表情或态度。换句话说，没有必要对别人察言观色。有些人不习惯与满脸笑容的人打交道，在这种情况下，无论你如何对他笑，他可能都只回以冷淡的态度。此时，一般人肯定会觉得，自己都冲他笑了，却得不到他的回应，会因此而感到失望。

但是，不同的人气量大小不同，所以回应也会不同。每个人心中都有一个量杯，你的笑容积聚在他的量杯里，当溢出时，对方的表情和语言就会产生变化并外显出来。

乍一看，对方的反应可能不如所愿，但事实上，他心中的量杯里的量却是在递增的。这时如果中途放弃，停止微笑，就太可惜了，所以每一次都要保持笑容！

不要被对方的表情所迷惑，要时刻保持傻乎乎的夸张笑容去对待他人，这就是诀窍。

经常有参加培训的学员说："我本来觉得自己是会笑的，但是按照老师您教的方法练习后，我觉得脸上的肌肉疼！"这说明，即便是有长期客户服务或销售经验的人，认真练习起尽情式笑容，也会从肌肉疼痛中体会到，自己原本做得还不够。

检查自己的默认表情

　　在第一章中我提到，如果你无意识地"板着个脸"
的话，会让人觉得你心情不好，似乎不太好接近。这种
感觉有多糟糕，大家可以自己感受一下。

　　方法很简单，**只需要找人帮你拍一张"板着个脸"
的照片就行了**。如果是自己对着镜子看的话，人们可能
会无意识地调整自己的表情，所以我推荐用拍照的方法
来检验。如果是用手机自拍的话，请不要用前置摄像头，
不要看着屏幕拍。

　　怎么样？你的表情比你想象的更冷漠吧？自认为的
既不是在微笑，但也不是在生气的正常表情，其实往往
与我们想象的不一样。这种表情反映到他人眼中，不是

平淡，而是会产生负面影响。

　　我在培训时给学员这样拍照后，有人说"自己都不愿意看见这样的表情""我认同带着这样表情的人是很难让人接近的"。这时他们就意识到了，自己也曾向别人做出连他们自己都不愿意看到的表情。

　　我的大多数学员都从事与人打交道的职业，例如酒店员工、建材超市或点心店的销售员、房屋改造公司的销售人员等。尽管如此，在接受培训后，大部分人才发现原来自己一直都会在不经意中做出让人难以接近的表情。意识到这一点后，坚持每天练习表情，想要呈现打动人心的笑容就很容易了。

　　一位花店的员工高兴地向我汇报，在参加培训后的第二天，花店销量就增加了60%。

　　可能有人会认为，笑是自然而然的，假笑显得太刻意，别说留下好印象了，反而会显得很失礼。但正如我们自我检查时发现的情况一样，自认为是正常的表情，其实看起来像心情不太好或不友好，这样是无法让对方对你按下粉色开关的。

　　正如第一章所讲到的，当你在没有接待客户的时候，或在自己的工位上对着电脑工作的时候，或自认为是带着"正常表情"的时候，也请注意一下自己的笑容。此时的笑容，我把它叫作**待机式微笑**。笑容分为尽情式笑容和待机式微笑，如果你都掌握了的话，你就具备了容易被他人喜欢的基础。

另外，也请拍一张你认为自己是在微笑的照片，然后再拍一张前文说明过要点的尽情式笑容的照片，让家人或同事客观地评价一下两张照片。

重要的是对方的大脑如何做出判断，而不是你自己的想法。在本章的最后提供了练习笑容的方法，请不要害羞，坚持训练。熟练了之后，不仅仅是刚见面的那一刻，任何时候你都可以自然而然地露出笑容。

谈到笑容，大家容易走进一个误区，认为这是客服人员或销售人员才需要具备的素质，但近年来，在其他类型的工作中，服务意识越来越重要了，也越来越需要工作人员面带微笑地工作。

个人生活中也一样，因为你始终面带笑容，会让家人感觉更温暖，沟通也会变多，并且，商量事情也会更容易。最重要的是，如果你的家人看起来很幸福，你自己也会变得很幸福吧！

待机式微笑是具有亲和力的人的基本表情

正如第一章和上一节中提到的，在没有与任何人交流的时候——也就是"待机"时的表情，也会影响到我们给人们留下的印象。

为了一直给人好印象，我建议大家时刻保持待机式微笑。

即使在沉默的状态下，也尽可能保持微笑的表情。人们会认为这样的人易于亲近，并且在认真倾听自己讲话。

先露出尽情式笑容，然后只闭上嘴唇，就是待机式微笑（见图3）。露出待机式微笑时，请注意先后顺序。

首先，做出尽情式笑容。然后保持眼睛的形状和面

部表情,保持嘴角向两边张开的幅度,最后合上上下嘴唇。

待机式微笑也一样，无法做到完美也没关系。请坚持不断练习，而后逐渐接近理想状态。

图 3　待机式微笑

①保持尽情式笑容，然后将嘴唇合上；
②保持嘴角向两边张开的幅度，保持上扬；
③保持眼睛眯起的形状，保持脸颊向上堆起。

服务业强调眼明心亮，但只要能够保持以待机式微笑来工作，即使有时候服务人员没有关注到客户的需求，客户也会主动与服务人员沟通。特别是在以客户自由浏览为主的店里，如果全体工作人员都能注意保持待机式微笑，营业额上升便指日可待。

餐饮业也一样，服务人员在忙碌时，脸色就容易难看。无论食物多么美味，如果顾客感觉那里的服务员看起来很难搭话的话，就会连带着觉得食物也不好吃。我们对一家连锁餐厅进行了这种待机式微笑的培训，结果第二个月，这家店的订餐量就上升了10%。

即使在求职面试和商务谈判中，待机式微笑也是有用的。当对方在思考或回忆时，如果正在倾听的我们一脸严肃，即使这不是我们的本意，也会给对方增添压力。对方会想尽快说点什么，因此可能变得更加紧张。如果展现出待机式微笑，就可以向对方发送"你已经接受了对方，对方慢慢思考也没关系"的信号。

特别是在人多的场合，比如在会议和演示中，当一个人面对众多的严肃面孔，紧张感就会剧增。但若能在倾听的人中找到一个保持微笑的人，可能就会增强自信，感觉有人能认真聆听并明白他讲的话。

即使在办公室，展现出待机式微笑，也可以给自己营造出一种容易交流的柔和气场。如果同事觉得你是个不错的人，那么你的工作会变得轻松许多。

紧接笑容的惊讶式表情

　　表情丰富、富有张力的人，可以给人留下充满活力、魅力四射的印象。为了做到表情有张有弛，可以在笑容中偶尔加入**惊讶式表情**（见图 4），这样的话，给他人的印象就会更深刻。

　　惊讶式表情为扬起眉毛、瞪圆眼睛、嘴巴大大张开，并发出"啊！"的声音。

　　如果你将那时的表情定格下来看，就会感觉很滑稽。即使是我，在看到自己这种表情时依然会感觉不好意思。但是，在谈话中使用这种表情往往只是一瞬间。例如，在表达"啊！是这样吗？我第一次知道！"时，伴随着"啊！"这一声就可以使用这样的表情。这一瞬间的表情，会在对方的情感中留下积极的刺激。

当我们与一个表情丰富的人交流时，不仅是谈话内容本身，从对方眼睛里传递出来的信息也会对交流氛围产生影响，这种非语言的交流可以让谈话更加顺畅。

图 4　惊讶式表情

①眉毛上扬；

②眼睛圆睁；

③张大嘴巴，发出"啊！"的声音。

失败的笑容案例

开始笑容练习前，笔者先给大家介绍一些失败案例。

①猪木式微笑

安东尼奥·猪木是原职业摔跤手，也是一名政治家。模仿艺人在模仿猪木先生时，每个人选取的都是下巴前伸的动作。毫无疑问，这正是猪木先生的特点。我认为这与猪木先生的骨骼有关，他的嘴一旦用力，嘴角会瞬间上扬，就像是露出微笑一样（或许他本人并没有想要微笑）。

当我在培训等场合中让大家试着做出微笑表情时，我时常发现有人只把注意力放在嘴角处，他们上扬嘴角，看起来就跟猪木先生的表情一样（见图5）。

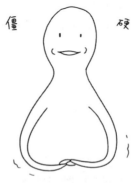

图 5　猪木式微笑

嘴角周围的肌肉集中发力，仅仅是嘴角上扬，给人留下僵硬的印象。

但是，这并不能使人按下粉色开关。真正给人留下好印象的**表情不是仅仅上扬嘴角，而是应该将嘴张开到上排最深处的牙齿都能被人看见的程度，同时鼓起脸颊，让眼睛弯得像是新月一样，这才是尽情式笑容。**

那猪木先生真正的笑容是什么样的呢？他 100% 笑时眼睛就像一弯新月，眼角挤出了皱纹，脸颊也是向上鼓起的，这才是迷人笑容的典范。

②丘比特式微笑

在 Instagram 等社交网络的自拍照中，你常常会看到一张张大眼笑脸照。这是因为随着能使眼珠看起来更大的美瞳的流行，和有大眼功能的手机拍照 App 等的发明，大眼往往被认为是有魅

图 6　丘比特式微笑

睁大眼睛，眼珠朝上看。

力的。像丘比特那样睁大眼睛、眼珠朝上看的表情（见图6），在社交网络中大受欢迎。

　　然而，**当真正看到那个人时我们就会发现，能让人留下"真好"印象的笑容，与看静止画面时感觉到"真好"的笑容是不一样的。**如果在见面的瞬间，对方就做出睁大眼睛、眼珠朝上看的丘比特式微笑，我们就会知道这是对方喜欢使用的表情，此时不过是"固定程式"而已。所以，自己拿手的笑容也要分场合来使用。

　　无论年龄、性别，首先请掌握能够表达自己的善意和欢迎这一情感的尽情式笑容。掌握一种可以被他人自然接受的笑容是很重要的。

　　如果发现自己的眼睛难以呈现出新月的形状，那么请回想一下看综艺节目或相声时大笑的面部肌肉动作，并记住这种表情。

③表情符号式笑容

　　如上所述，尽情式笑容是嘴角向两侧横向张开，做出"yi"的嘴型，使上排最内侧牙齿也能被人看见。而表情符号式笑容是嘴唇上下打开，做出"a"的嘴型的表情，就像表示朗声大笑的那个表情符号：（＾○＾）（见图7）。

　　如果在谈话的过程中放声大笑还可以理解，但是在刚见面的那一刻就放声大笑，就显得有点愚蠢了。为了改善第一印象，需

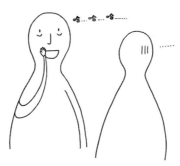

图7　表情符号式微笑

嘴唇上下张开呈"a"的嘴型，面部表情就像是表情符号（＾Ｏ＾）。

要注意嘴巴不要上下张开，重要的是左右张开的幅度。

另外，我也曾被问道："如果在咧开嘴笑的时候，下面的牙齿也露出来了怎么办？"因为每个人的骨骼不同，肌肉的分布也不同，所以尽自己最大的努力去做即可，不用刻意注意下唇，只需注意露出上排牙齿就行。

④面具式微笑

虽然眼睛眯起来了，但是离新月形还相差甚远；嘴巴也向两边咧开了，但是脸颊却没有向上鼓起。不觉得这是一张毫无生气的脸吗？如果没有完全掌握肌肉的活动方法或微笑的重点，就会变成面具式微笑（见图8）。

图 8　面具式微笑

眯起双眼，嘴巴呈直线状向左右两咧开。

如果见面的瞬间无法当即做出笑的表情，结果就会变异成面具式微笑。此外，有些人即便在被人搭话后能马上表现出尽情式笑容，但是会马上恢复原状。**如果露出片刻的笑容后，立马变回面具式微笑或严肃表情，反而会让你最初的尽情式笑容看起来像是假笑。**

例如，假设你是百货商店的店员，有客户来买东西。你一边跟客户讲"在这边"，一边引导客户到目标货架，在此过程中你一直保持着待机式微笑。这时客户一定会心情大好，觉得遇上了一个有活力的店员，下次还要来这家店。但如果你忽然变回了面具式微笑或严肃表情的话，就会让客户感觉"这个人没精打采的""是不是觉得我很烦"。

⑤眨眼式微笑

我喜欢惩恶扬善的故事，曾迷上诸如《胡闹将军》[1]和《水户黄门》[2]这类历史剧。历史剧对主角和反派的刻画比较清晰，特别是当反派出场时，即使是小孩子也能马上看出来这个是坏人。

反派在笑时会一边嘴角上扬，或左边或右边。无论是大人还是小孩，都会对这种不对称的笑容留下一种"此人厚颜无耻"的印象。

在微笑培训中，总有人只有一边脸在笑——即便他们并没有长着一张"恶人脸"，但大多数人对此并不自知（见图9）。而且，两边脸完全对称的人几乎是没有的。**拍点照片或视频，检查一下自己的面部状态，然后尽量做一些使左右脸保持对称的肌肉练习！**

图 9　眨眼式微笑

或左或右，一边嘴角上扬，眼睛也只有一边在笑。

---

[1]　朝日电视台播出的长青时代剧系列，故事叙述江户幕府八代将军德川吉宗化名为贫穷的旗本武士德田新之助，行走江户市井，明察暗访，铲奸除恶，扫除社会恶势力。
[2]　以日本历史上的真实人物为范本，讲述水户黄门为了改变世风而周游列国的故事。

尽情式笑容练习

规避以上的错误范例，让我们回到正轨上来。既然都要对他人笑，不如掌握一种可以直抵对方内心的笑容模式。

人们通过充分活动被称为表情肌的面部肌肉而产生笑容。正如我在第一章中提到的，情感是紧随表情而来的，别再认为"为了能时常保持笑容，我必须让自己心情愉悦"，其实只要让面部肌肉对尽情式笑容产生记忆，就能立刻表现出笑容。

一旦掌握了这个模式，笑容就变成肌肉记忆，随时都可以展现出来。这无论对工作还是私人生活都有良好的效用，所以一定要每天练习。

在大家正式练习之前，我先介绍一下我们在培训中使用的方法。在我们的培训中，采用的是两人一组的游戏形式。

首先，双手握拳放在膝盖上，两个人面对面，随着我喊出"三、二、一！"的口令，双手放到脸旁然后瞬时张开，并露出灿烂的笑容，两人比谁速度快。为了抢在对方之前露出笑容，需要瞬间做出反应。与同一个对手进行5次比拼后，再改换其他对手，同样进行5次比拼，如此反复。这个游戏的目的在于抢在对方之前快速微笑。（见图10）。

图 10 尽情式笑容的练习方法

练习微笑时，配合瞬时张开手掌的动作，可以打开心扉，面部肌肉也更容易被带动。

人在沮丧时，目光会下垂，背部会弓起；反之，如果有意识地挺起胸膛，扬起脸看向斜上方，整个人的心情也会变好——我们正是运用了这种**身体与意识的联动关系**。

在练习中，我们试图**通过瞬间张开手掌来打开心扉**。稍微做几次有趣的练习后，尴尬的心情便会被一扫而空。此外，张开双手会触发面部肌肉一起活动。为了抢在对方前面露出笑容，利用手部的联动是非常有效的。

公司可以在早上组织这个练习；如果是个人，跟朋友一起练习会有较大的成效。

如果打算单独练习，请参考接下来的练习方法：一开始自己一个人练习，然后慢慢向更多人展示你的笑容。以享受的心态来练习，有助于更快地掌握方法。在不同阶段检查自己的笑容，不断重复练习。

此外，在练习的后半部分，需要在实际生活中展示笑容。**需要注意的是，不要迎合对方，不要被对方的反应左右。**必须抱着改变对方态度的强烈意志，将笑容进行到底。

无论是双人练习，还是接下来我要介绍的单独练习，一开始可能都会感觉面部肌肉非常疲惫。但请记住，感到疼痛正是刚刚好的程度。

建立 0.1 秒就被人喜欢的模式 第 1 课

观察笑容，测试效果

本书中，我为大家准备了一套系列课程，按此练习，可以使面部肌肉对尽情式笑容模式产生记忆，在工作或个人生活中自然地调用。大家需要按顺序练习，一开始面部肌肉可能会疼痛，但是慢慢习惯之后，就连原先的尴尬情绪也会逐渐消失。

1. 对着镜子练习，慢慢习惯

先检查自己的笑容是否是尽情式笑容。**拿起镜子，检查自己的眼睛、眉毛和嘴巴是否都达到了笑的状态。**这项练习的目的是让肌肉记住这种尽情式笑容。**请有意识地练习如何活动面部肌肉。**

2. 用手机拍照

如我前面所说的默认表情的自我检查方法一样，请将自己的笑容拍下来检查。看着屏幕拍的话会无意识地调整自己的笑容，因此**请不要用前置摄像头（自拍模式）**，而是用正常拍摄模式将自己笑的瞬间拍下来。

另外，请将尽情式笑容、不张开嘴唇的待机式微笑和严肃表情都拍下来做个对比。大多数情况下，自认为平平常常、普普通通的表情会比想象中难看。

3. 利用电视、动画等

由于对方的大脑产生情绪反应仅仅需要 0.1 秒左右的时间，因此必须在双方见面的一瞬间，在对方之前先露出笑容。这里介绍一种利用电视来练习爆发力的方法。请面对有主持人或演员出镜的电视节目，当节目画面跳转时，瞬间露出尽情式笑容，即对着移动的"人"来练习自己的笑容。

4. 外出时，对着玻璃映射出的影子来检查自己的笑容

当你认为没有人在看你时，就会感到放松，笑容也会消失，很可能还会露出一种不爽的表情。

因此，这种练习方法十分必要。请务必时刻检查自己在外出时的表情，可以利用橱窗的玻璃、便利店的饮料贩卖机、洗手间的镜子等多加练习。如果发现自己脸上没有笑容，那么就对着玻璃映射出的自己做出微笑的表情。即使在外面散步时，也请时常保持微笑。

5. 愉快地对着便利店的店员微笑

接下来是实践篇。很多人可能会觉得对自己熟悉的人突然露出尽情式笑容很尴尬，那就慢慢习惯对其他人展示你的笑容吧，

之后，你就可以很轻松地露出笑容了。首先，将便利店的店员作为实践对象，试着对收银员和接待你的服务员微笑着打招呼，即使对方没有看你的脸也没关系，自己进行瞬间展现笑容的练习就行了。

6. 对客户笑

如果一直持续练习到这个阶段，你就已经相当熟悉笑容的肌肉练习，终于可以在工作场合用到它了！即使不是从事客户服务工作，大家也总会有接触公司以外的人的机会吧？即使不是自己的客户，也可以对来公司的其他客户展现自己的尽情式笑容。

不必迎合对方的反应。在每天对客户笑的过程中，我们将会发现客户的反应逐渐发生了变化。当然，这其中会有一些人，无论冲他微笑多少次他都无动于衷。即便如此，也极少有人会因为被示以微笑而感到不快。因此不要被对方的反应所迷惑，不断坚持自己的笑容练习吧！

7. 对同事笑

或许对每天见面的人露出尽情式笑容需要勇气，但持续练习到这一阶段的你，已经不是往日的自己了。到了这一阶段，相信大家已经掌握了笑容的力量。

虽说如此，但越是熟悉的人，越会对反常的你感到奇怪，因而给出负面反应，如"发生什么了吗？""有点奇怪！""这样笑，有点恶心"等。

但请不要因此泄气。**对方没有忽略你的笑容并且做出了即时反馈，这正是你自身在发生变化的证明。**这不是失败，相反，你应该感到高兴，认为自己"做得好""我触发了对方的反应"。

8. 对朋友笑

我想此时的你已经拥有自信，是时候向更为亲近的朋友们展示你的尽情式笑容了。当然，同样要在见面的瞬间就展现出来。

或许朋友会问你是不是发生了什么好事，这正表明你的表情发生了变化，你的朋友们应该也感到了温暖，这是良好的反馈。

9. 对家人笑

最后需要对家人展示笑容，或许此时是最为紧张和尴尬的，也可能得到最惊讶、最强烈的反应。

但是如果可以时时刻刻都对家人示以微笑，就说明你可以主动建立舒适的人际关系了。周围的人会被你愉悦、爽朗的状态所影响，你会成为太阳一般的存在。

10. 完成（用视频记录下来）

用视频来确认自己最终完成的情况。与家人或朋友一起坐在镜头前会更容易表现出自己最平常的样子，将此时的聊天过程以视频的形式拍下来，时长 3 分钟左右为宜。最开始时的笑容不成问题，但是在聊天的过程中，你是否也一直保持着待机式微笑呢？大家一定要好好感受自己的变化。

　　这种视频记录方法在下一章介绍聊天技巧时还会用到。

空気を読まずに
０・１秒で好かれる方法

第三章
瞬间抓住人心的聊天技巧

不会正确地说话也无妨

除了视觉印象，谈话时的气氛也极大地影响着对方的开关选择。本章中，我们将讨论会对第一印象产生极大影响的聊天技巧。

聊天技巧中最重要的因素是声音。说起声音，要改变它似乎很难，但本书中介绍的方法是非常简单的。请不要因为自己的声音不够优美而放弃，发出让人听起来舒服的声音是有小技巧的，只要发挥你的个性，就可以让人喜欢你。并且，这种技巧并不需要努力练习，很轻松就可以做到。

声音会如实反映一个人的状态。我们有时会从对方的声音中觉得"他是有什么开心的事情吧"，有时会听出"他今天似乎身体不太舒服""跟平时不太一样"，相信大家应该都有过这样的经历吧？当一个人身心愉悦的时候，音调是明快的，声音也会更洪亮。反之，当一个人心情不好或身体不舒服时，音调就会变得低沉，从而反映出说话人的状态。

如果能够有意识地控制发声方法，就不会莫名地被人反感，而是给人留下很阳光的印象。

我在当电台主播时曾发现：无线电台只能用声音向对方传达信息，因此我们可以仅仅通过声音来扮演不同的人物，这种方法在工作和个人生活中都可以应用。

我在老家时有段时间跟父亲关系不太好，双方都不愿意向对方道歉，家里充斥着令人不快的气氛。我虽然不愿低头，但也不想一直僵持下去，于是改变了说话的声音试着跟父亲交流。

我一看到父亲的脸就感到烦躁，所以我尽量不看他，用比平时稍稍明快一点的声音问他："爸爸，晚上想吃什么？"然后，一瞬间，父亲的脸就变回了吵架之前那张快乐的脸，并且回应了我。我想父亲应该是听了我明快的声音，心情变好了。我仅仅是使用了发声技巧，就使双方在不用道歉的情况下，从紧张的关系中解脱了出来，那一刻我非常激动。我用自己的声音，瞬间改变了对方的情绪，甚至改变了对方的态度。最重要的是，随着对方态度的改变，我自己的心情也瞬间舒畅，烦躁的心情变得平和了。仅仅通过改变声音，负循环就变成了积极的正循环。

人总是这样，关系越亲密，就越难向对方道歉。这时就可以使用我介绍的这种方法——这是一个完全不用说任何道歉的话，就可以使关系恢复的秘诀。

如上所述，控制发音是一种非常有效的方法。

聊天技巧中最重要的不是追求说正确的、漂亮的话。如第一章中讲到的梅拉宾法则，当一个人的说话内容（语言信息）、表情（视觉信息）、声音（听觉信息）等之间存在矛盾时，人们更倾向于将对方的表情或声音状态作为判断讲话内容的依据，而非我们一般观念中的话语内容本身。

换句话说，在传达的产品说明或指导内容相同的情况下，如果可以唤起对方的情绪，就会给对方留下更好的印象。与其在怎样说正确的话上下功夫，不如专注于如何让对方在与你聊天时感觉兴奋或放松，这才是最重要的。

　　如果对方认为你能倾听他，跟你交流很舒服，即使你不主动去向他打听什么，他也会主动告诉你，所以尽量把对方引导到这样的状态里吧！

聊天和说话的区别

我所强调的"聊天"与"说话"相比有何不同呢？先来阅读以下案例并思考。

今天，我想买一套在特殊日子里穿的衣服，经熟人介绍预约了一家女装店，在那里我可以不受打扰地慢慢挑选。店员是衣着搭配方面的专家，可以在购物过程中为我答疑解惑。店员为我挑选的衣服也许恰好融入了今夏的流行元素，那我就可以变得非常时尚——我如此期待着。

我兴奋地到达商店，一位店员在店门口迎接我。

对方说："柳沼女士，我已恭候多时！此次接到您的预约，非常感谢！我们非常欢迎您的到来。"

这时，我感觉很沮丧。

因为对方的声音没有抑扬顿挫，完全一副淡然的口气，对话的氛围也很生硬——即使她使用了非常礼貌的语言来接待我，我也并没有感受到被欢迎。

我为什么会感到如此沮丧呢？店员讲话用的是敬语，接待时也非常礼貌——但是，她将"正确性"放在了第一位，让我感觉她是根据服务手册机械式地应付我，只是在努力呈现高档氛围该有的标准待客礼仪，而在我看来这做过了头，让我觉得她表面恭敬实则敷衍。

顾客兴致勃勃地来到店里，却碰上沉重的气氛，导致乐趣全无，真是一件非常遗憾的事。我希望大家能够调动对方积极的情绪，而这需要的正是聊天技巧。

我除了在电台做过主播之外，还在福岛当地的电视台当过播音员。主播和播音员虽然相似，但并不完全相同。主播是通过聊天来向听众传递信息的，因为是聊天，所以**会选择符合本人个性的语言，同时还会加入自己的情绪**。我将这种电台主播式的**注重讲话气氛的信息传递形式称为"聊天"**。

　　而播音员是通过读稿来传递信息的，因此最看重的是朗读和信息传递的"正确性"。他们接受过统一训练，这使得无论哪位播音员都能准确地按稿子播报。我把这种注重"正确性"的信息传递形式称为"说话"，以便与"聊天"区分开来。

　　当然，这两者没有好坏之分。但是，如果意图调动对方情绪的话，就不应该像播音员那样，以正确说话和朗读为重点，而应采用电台主播那样的聊天方式，因为他们的聊天方式不会给人一种生搬硬套的感觉。

　　如果想要被人喜爱，想提高他人对自己的好感度，就应该将"正确性"放在第二位，而将改进聊天技巧放在首位。

　　在广播领域，主播被称为节目的灵魂，这原本就有个性的意味在里面，需要主播融合自己的个性来向听众传递信息。

　　因此，你不应该一味地阅读文稿，而应将你自己的聊天方式作为最强的武器。

　　在前面的例子中，如果店员能将自己的心情，比如"您能来，我真的非常高兴"融进语言中，顾客就不会感觉扫兴，从而享受到愉快的购物体验。

电视台记者的常识！将情绪双倍呈现的方法

　　电视台记者需要通过画面和语言将现场的情况传达给观众。那些奇美景色即使不用语言，仅仅通过画面也能充分传递给观众，但是像美食节目中介绍食物，想要完全将食物的味道、香气等传达给观众，仅通过画面是难以做到的。

　　美食记者不但要利用语言，还要利用如面部表情等表现形式来表达食物的色香味，其中，最受欢迎的应该是发明了"まいう〜"[1]的石塚英彦了。

　　石塚先生的确是一副"吃货"的长相，看着他眯着

---

[1]　原是日语"好吃"的发音，石塚英彦将第一个音节换到最后，显得比较俏皮。

眼睛幸福地说着"まいう～"，即便你不了解那个食物的详细情况，也会感觉"看起来好好吃！我想试一下！"。石塚先生之所以能仅仅通过电视画面中的一句"まいう～"打动观众，是因为他的表情很容易让人理解。而且你也可以注意到，即便是"まいう～"这一个词，他也通过改变自己的音调和语速的方法，使其表现得富有激情。

既然作为专业人士的石塚先生也会通过夸张的表情和声音来表达情感，那么就让我们向石塚先生学习，用较夸张的表达方式，一瞬间打动对方吧。

在培训中，我们会根据工种和业务类型，以及关乎业绩增长的客户接待方面的要点来设计给对方留下好印象的谈话方法，并且反复练习。例如，迎接已预约的客户时，要说：**"柳、沼、女、士，我们恭候您多时了，感谢您今天的来访。"**

要在微笑的同时通过语言来传递情感。要注意慢慢叫出姓名，这样会让对方感觉自己是重要的客户。如果快速地叫出姓名，就会让人感觉自己被随意对待。所以请一个字一个字地郑重发音。

最开始训练时，大家觉得慢慢念出对方姓名的练习很滑稽，但是后来他们就逐渐习惯了。如果在练习时你不近似夸张地慢慢念名字，那么在真正面对客户时就容

易念得更快。正因为是练习，我们更应该尽力地、慢慢
地进行。

　　这种方法在任何迎接已知姓名客户的场合都适用。

撩人心弦的声波的使用方法

在前面的例子中，因为店员的声音不够抑扬顿挫，所以别说调动我的情绪了，反而让我没了兴致。抑扬顿挫非常重要，那么为了掌握抑扬顿挫的讲话方式，具体应该怎么做呢？

声音表达中有几个要素，分别是音调、大小、强弱、缓急。并且有一种强调方法，即根据所强调的内容而改变表达方法。除此之外，如果你想要获得进一步的提升，还有很多需要学习的东西，但是，我们在日常生活中通常用不到太多，因此，我从专业人士所使用的技巧中提炼出谁都可以在平日里轻松运用的要素，并将其总结成一种"模式"教给大家。这几个要素是讲话时声音的**音调**、**大小**、**缓急**。

首先，音调指的是声音的高低。**我将一个人正常的声音高度称为"简单音调"，并以其为基准，把高于它的音调称为"明快音调"，把低于它的音调称为"低沉音调"。**

有关这三种音调，我接下来会详细说明。

在一些书籍中，经常用"Do Re Mi"的音高来指导声调的高低，但并不是每个人都有准确的音感，况且每个人自身的音调高低也各有不同，因此总有一些人怎么都学不会。所以，我放弃类似的标准，将每个人平时的音调作为各自的基准。

其次，通过声音的大小或强弱，可以传递说话人的身体或精神状况，以及是否拥有自信。

最后，缓急指的是讲话速度。如果你说话比较快，会让人觉得你比较急躁。相反，如果你说话比较慢，就会给人一种平静的感觉，让人留下稳重的印象。在喊对方名字的时候也一样，如果故意将对方的名字慢慢说出，就会使对方产生一种被认可的特殊感觉。

将这些元素进行组合，可以创造出不同的印象。

通过这样的组合，可以建立"声波"，也就是所谓的"抑扬"和"语调",使用得好的话可以给对方留下良好印象。但是,充分利用这种方法的人很少,十分可惜,这是因为人们一直保持着从记事起就无意识形成的习惯。

当声波被有效地组合时,声音就会变得抑扬顿挫,听起来轻快明亮。反之,如果没有声波变化,就会营造出一种没有干劲的冷淡氛围——没有声波就没有吸引力。

就像夸张的笑容传递到对方那里变得刚刚好一样,声波传递到对方那里也会被削弱 20%~30%。通过掌握要点,试试将声波夸张地表现出来。

我的故乡福岛县的方言不分重音,即没有固定区分重音的。如果是发音一样的词语,在其他地区,根据重音的不同会表示不同的含义,但在不分重音的地区,就没有这样的区别。

不分重音的人,在说话时也没有声波。由于全部发音都毫无起伏,为了掌握声波,我吃了很多苦头。不分重音的地区除宫城县、福岛县、栃木县外,还有宫崎县、福井县,以及茨城县、山形县和爱媛县的部分地区。改变自己已经形成习惯的音调听起来似乎很难,但是即便是这些地区的人,只要掌握要点,也能迅速掌握前文提及的三种音调。只要掌握了这三种音调,即使是初学者,也能组合出声波,掌握抑扬顿挫的讲话方式。

我是在接受播音员培训时掌握声波的，当时我对通过掌握声波竟能让自己的声音变得如此明媚而感到惊讶不已。

播音员的基本素质是，**将一句话有高有低、流畅地讲出来**。这是一种让话语听起来极为舒服，自然而然传入耳中的说话方式。通过这种方法，再加上融合了自身情感的表现方式，就可以掌握像音乐节目主播一样使人听了感到愉快的表达方式。

受人喜爱的声音——试试这三种音调

现在，我们来谈谈声波中起主要作用的"音调"。正是由于这三种音调，我才得以击败对声音的自卑感。

简单音调、明快音调、低沉音调，每个音调都因人而异，因为它们是基于每个人正常的音调而定的。因此，没有必要勉强自己一定要发出高音或低音，在自己能轻松发音的范围内练习就行了。

首先，从对一句话的音调选择开始。

例如，当你说"早上好"时，如果选择使用明快音调，就会传递出一种爽朗、欢快的感觉，而如果选择使用低沉音调，就会传递出一种低落、萎靡的感觉。

声音与情绪、身体状况是联动的。其证据是，如果一个人遇到好事或感到快乐时，声音会比较明快，并且更加洪亮。反之，如果心情失落或身体状况不好时，声音就会变得低沉无力。在许多情况下，本人并不会注意到自己的声音能反映出自己的情绪或身体状况，然而周围的人却可以仅凭其声音就瞬间感知到。尤其是对经常听到对方声音的同事或家人来说，很容易通过那个人当天的声音状态，感知到对方是遇到了好事还是坏事。

针对有些对象或场合，人们可以选择用自己最真实的音调来讲话。但有些场合，尤其是在工作中，一般人都不想让对方担心。

将情绪和身体状况放到一边，我们要有意识地选择讲话音调。如果能做到这一点，就具备了声音方面受人喜欢的基础了。

首先从用明快的音调打招呼开始练习，打造阳光而有活力的形象吧！

接下来，我们来谈谈音调和谈话。

你周围应该有这样一种人，他们总是能以一种愉悦的心情与人交流，与他们交谈后你也会变得心情舒畅，这种人拥有**能吸引对方心灵的谈话节奏。**

　　这种节奏，可以通过在谈话中采用三种音调组合成的声波轻松拥有。这是让听的人感觉身心舒畅、产生好感的聊天方式的重点。

　　首先，让我们试着从三种音调中选择一种并将它放入对话中。

　　用明快音调夸张地回应对方的话语，然后再回到简单音调，声音就变得有张有弛。

　　"啊，是这样的呀！"→明快音调

　　"川上先生的行动力值得学习。"→简单音调

　　在道歉时试着用低沉音调看看效果。

　　例如，由于工作上的失误被上司斥责后的第二天，用低沉音调再次道歉。如果你用低沉的音调向上司说"早上好，昨天非常抱歉，下次我一定注意"，就会给上司一种你已经认真反省了的感觉。

　　但是，如果你一直保持反省模式，就无法恢复到原来的工作状态。而且，你的上司也一定希望你在反省、理解了这次失误的基础上，转换心情，积极工作。

　　所以，**低沉一会儿后就应该回到简单音调上。**

　　例如对上司说"我今天打算去 ×× 公司，您看我的

这个提案内容可行吗？"这样的话，来转换话题和调节气氛。

积极地谈论一些例如接下来的工作任务等内容，同时转变音调。

这样做，你的上司就能得到一个你已经转换心情、积极向前的信息，这也能对工作场合的氛围起到积极的调节作用。

在新闻发布会上，经常会出现道歉的情况，那样的场景应该选择低沉音调。如果那时，道歉的人用明快的音调说"我很抱歉"，观众可能会觉得他并没有好好反省。即使对方是发自内心地感到抱歉，即使他并无恶意，**周围的人也可能仅通过对其声音的印象做出自己的判断。**

如果只有明快音调，就会显得过于兴奋，反而失去了张力。而如果只有低沉音调，就会营造出一种沉闷的氛围。

在谈话时，让自己的音调如同波浪般错落有致，对方就会不自觉地被你的谈话吸引。一开始你可能会觉得很困难，并且如果太刻意的话，讲话内容很有可能会跑偏。因此，可以首先从我介绍的这几个场景开始应用，如对对方的讲话做反应时或向对方道歉时等场景，应用时应注意把握要点。习惯之后，感觉就会变得敏锐起来。

掌握了音调的使用方法后，你就可以创造谈话场合的氛围了。而习惯使用这种方法后，你就会知道在某些情况下选择何种音调更容易传达情感和想法，此时就可以尝试建立一套自己的情感传递模式了。

就像从高处往低处流淌的河水一样，使用三段式音调可以使自己的声音富有层次感。在播音主持课程中学习到这个方法时，我感受到了这个方法的魅力，便立刻将其运用到我当时从事的电话接听工作中。

在那之前，我接打电话时几乎都是以同样的音调说"我是××公司总务部的柳沼"，而在那之后，我接打电话时尝试了**将"××公司"改换成用明快音调来说，"总务部"以简单音调来说，而"柳沼"则用低沉音调来说**，如此改变之后，我感觉非常不错。

打电话过来的客户也表扬我说："柳沼，最近感觉你很开朗！"在那之后，我都会以一种非常愉悦的心情使用三段式音调来接打电话。

然而，正如我在开始时提到的那样，那时我是个容易被人讨厌的人，并不怎么受同事们喜欢。由于我突然改变了接打电话的语气，每当我接打电话时，同事们都会窃笑，或在背后议论，或对我表现出明显的嘲笑态度。同事们的反应让我感到很失落，我甚至想过是否要恢复自己以前的语气。然而转念一想，我好不容易开始努力提升自己，如果现在停止努力，那么之前所做的一切就毫无意义了。即便是得到了糟糕的回应，但有回应正是我自身发生了改变的证据。于是我采取了积极的态度，继续使用三段式音调接打电话。

在那个过程中，我逐渐习惯了这种谈话方式，同事们的糟糕反应也日渐消退，直至消失。

如果你尝试改变某些东西，也许有人会赞美你，有人会拉你后腿，有人会嘲笑你，但那些拉你后腿和嘲笑你的人并不为你的人生负责。既然是自己下定决心要改变，如果因为在意周围那些无谓的反应而停止努力，就太可惜了。我希望你为了自己坚持下去，这与练习尽情式笑容的道理是一样的。

　　有选择地使用简单音调、明快音调、低沉音调，如果能做到这一点，就具备了声音方面受人喜欢的基础。

以"柔高音"来表达愿望，引出对方的"Yes！"

三段式音调可以应用到各种各样的场景中，比如在提出请求的时候。

有位女士为了提升别人对她的好感度来上我的课程，她的工作是销售行政，工作内容之一是根据销售人员提交的资料来计算销售额，并向会计申报经费。

她每次都礼貌地向销售人员口头告知提交资料的日期，要求他们按时提交，但是对方总会回以不满的表情。到了截止日期，资料也收不齐，她需要一边顶着被销售人员嫌弃的压力一边催促他们提交，因此她感到压力非常大。

于是，我建议她改变提出要求的方式。原本她提出要求的方式是："请于本周五之前提交你的费用申请书。"我建议她改为："××先生/女士，**抱歉给你添麻烦了，能麻烦你在本周五之前提交你的费用申请书吗？**"

她以前的讲话方式虽然没有礼节上的错误，也能简明扼要地说明重要事项，但接收这句话的一方却会产生反感情绪。原因是，**"请"虽然是一种礼貌的措辞，但听的人会认为这是一种命令，人们不喜欢被强迫。**即使对方知道做这件事是工作需要，但情感上仍然无法接受。这正是我在本书中反复提到的"人的情感优先于理性"的表现。

因此，我告诉她首先叫出对方的名字，然后加上"**给你添麻烦了**""**在你百忙之中**"等考虑到对方心情的话语。**这些话像泡芙一样软酥酥的，可以使对方感到舒服，因此我将这些话语称为"泡芙话语"**，即所谓的缓和气氛的用语。请在你想说的话之前，增加一个"缓冲"。

在缓和气氛的话语后，说出你想传达给对方的信息，并且最后以"可以吗？""能拜托你吗？"这类疑问句结束。人们不喜欢被强迫或被命令，他们喜欢自己拥有选择权。通过换成疑问句，对方就可以选择回答**"Yes"或"No"**。当然，在这个例子中，出于工作需要，他们是不会说"No"

的。虽然只能选择"Yes"，但这样会让对方感觉不是被强迫去做已经被决定好的事，而是自己从两个选项中选出来的，因而会感到满足，继而就自己的选择采取行动。

另外，在提出略带肯定的请求时，就无须使用前面所说的疑问句，而是在每句后面加上"哟"等语气词，这与在说肯定句和确认信息时加上"对吧"有异曲同工之妙。例如"将××事情做一下哟""××，麻烦你了哟"和"您是预约在14点的佐藤先生对吧？""汉堡套餐对吧？"，最后这个语气词根据语调的不同，给人的印象也会不同，因此需要特别注意。

试着用明快音调，柔和地说出这个"哟"。

这样的话，在提出请求时就不会让别人有被强迫的感觉，确认信息时也不会令人厌烦，很快就能进入正题。

柔和是指小声、轻声。我把在一句话结尾时同时发出"柔和的""高音调的（明快的）"声音称为"柔高音"，取自两个词的第一个字。通过最后这一个尾音，就可以以一种非常温柔体贴的感觉来表达你想说的内容。

虽然仅是小小的技巧，但由于在工作和生活中经常会有提出请求或确认事务的情况，所以它的效果如何很快就能见分晓。

上面提到的做销售行政的女士后来跟我说，她通过改变语言和音调，再配上尽情式笑容来表达自己的请求后，全员都在截止日期前提交了申请书，她的工作变得轻松了，当然，压力似乎也大大减轻了。

　　运用以声音的使用方法为中心的聊天技巧后，日常工作将会更加顺畅。

　　接下来的第四章中，除了前面所讲到的笑容和声音，我会介绍配上肢体语言的综合表达方式。

空気を読まずに
0.1秒で好かれる方法

第四章
最大限度地调动对方
积极情感的表达方式

令人猜不透的人会莫名地让人讨厌

前面我已经介绍了能使对方对我们按下粉色开关的表情及聊天方式，其中，我多次强调表达方式必须略为夸张，否则无法将情感传递给对方。

一般来说，人们对其他人并不感兴趣，他人也不会如你自己想象的那样注意你。而注意到一个人的细微变化，通常是兴趣使然，就像人们并不会对普通的工作伙伴或偶尔遇见的商店店员给予过多关注。

然而，**人们对让自己感到不舒服的负面事件却会记忆深刻，这一点无关兴趣。**

因此，用近似夸张的笑容与抑扬顿挫的声波，以便对方能在瞬间轻易理解我们想要传递的信息，这非常重要。

　　此外，对那些大方向他人展示"我就是这样的一个人"
的人，人们会觉得比较有安全感，因为他们让人感觉是
诚实的、表里如一的。相反，如果人们不明白对方到底
想干什么的话，就会感到不安——人们对自己可能会受
到伤害的事情非常敏感。

　　**由于重视"正确性"而采取的教条式行为，以及不
苟言笑的应对方式，会让别人看不到你的真心。人们不
知道你"真正的想法是什么"，于是就会感到不安或产
生疑虑，这就产生了莫名的让人感觉不舒服的坏印象。**

　　正如我在本书开头讲到的，我曾经非常容易给人留
下不好的第一印象，或者即便我想与人深交，却总会不
知缘由地被对方讨厌，导致我在学校和工作中，只一味
想着怎么不被周围的人所排挤。但现在想来，我那时为
了表现得不引人注目而隐藏了真实的自己，将自己关在
自己的小笼子里，这或许使我给人的第一印象变得更糟。

　　以前的我总是战战兢兢，看对方的脸色行事，逐渐
磨灭了自己的真心，现在的我则能以一种充满阳光的状
态与他人交往。

　　我们需要建立由自己来创造愉悦感的思维。换句话

说，**我们无须察言观色、迎合他人**，而是敞开心胸，心情愉快地与他人接触，这样对方会更容易亲近我们，并且喜爱我们。我们也不用伪装，因此会过得非常轻松自在。

一开始你的情感可能无法跟上，这没关系，不用勉强自己假装开心。本书中所讲的"方法（模式）"可以让你看起来非常开朗愉悦。只要你去实践这些方法，你与周围人的相处模式就会产生变化。自然而然地，你的情感也会被你的模式调动出来。

我认为向他人展现真正的自我，也分令人感觉舒适和不舒适两种表达方式。

将我们的心想象成一栋房子。

首先，请保持大门敞开。这关乎第一印象，要使任何人都可以自由地靠近。按下门铃，拜访一个不知道会从里面走出什么样的人的地方，任谁都会小心翼翼，这与开发新的销售业务类似。

不过，像厨房和卧室等地并不是谁都可以自由出入的，我们没必要过多地暴露自己的私人空间，就让他们停留在门口吧。

如此，让对方**站在门口**，把家里厨房和卧室的氛围传递给对方，**以坦率的姿态展示自己**。

自我展示能否被对方所喜爱，取决于能否让对方产生"共鸣"。

有些人会过于贬低自己，例如说"我是个白痴""我做什么都很迟钝"等。这种坦率方式不会给人留下很好的印象，原因是对方不能产生"确实是这样""非常理解"之类的共鸣。

即便是坦率，也要慎重选择语言。

适当展示自己冒失的性格或过去愚蠢的失误，可以唤起对方的共鸣，从而吸引对方。讲这种话的时候，请尝试根据以下两个要点来寻找话题。

①能使对方下意识地点头称"有有有"这样的谁都可能有过的搞笑糗事；

②过去做得不够好，现在改善了，自己和听的人都能因此产生正向情绪的事情。

本章我将介绍在之前所讲的尽情式笑容和声波技巧的基础上，进一步调动对方积极情感的巧妙"表达方式"的奥秘。另外还为大家准备了练习方法，请照此反复练习并将其内化为自己的技能。

收到礼物时以 200% 的表情给予对方回馈

我们在工作中也会收到他人的礼物，而此时，一定要用 200% 的表情来表达我们的感激之情。所谓 200%，就是将我一直强调的夸张的程度再放大。你可能会觉得自己"是不是有点过了"，但我建议你可以尝试一次，然后观察一下对方的反应。如此，你一定能实际体会到你的情感被充分地传达给对方后对方愉悦的心情。

在此，先回想一下我在第三章中提到的石塚英彦先生（第 70 页）。在你收到礼物的那一刻，请将你的兴奋与喜悦之情像石塚先生那样通过表情和声音表达出来，这里需要用的表情是我在第 29 页中描述的尽情式笑容和第 44 页中提到的惊讶式表情。

感激是一种需要全心全意地传达给对方的情感，然而，有些人就是没办法很好地传达。最有可能的原因应该是害羞，或许也有人是因为太在意他人的眼光，害怕自己像个孩子一样喜形于色的样子有些失态，或者害怕让人觉得自己好像很想要礼物，因此选择克制地表达感谢。

　　但是，倘若他人不知道你的感受如何，就会感觉你很难接近，甚至会产生负面情绪，认为自己精心准备的礼物不受喜欢。

　　比起表现出若有似无的微弱表情，起伏明显的丰富表情更容易让人感受到你的喜悦，从而对你产生良好印象。对方也会感到心情愉悦，认为送给你礼物是值得的。

　　夸张的表情是有技巧的。有些人因为犹豫，夸张的表情是渐渐展露的，这样的话本人的尴尬感就会传递给对方，令对方也感觉尴尬，或者觉得你是故作姿态。

　　表达情感时，需要立马转换自己的表情。因惊讶而表现出的强烈反应，其间如果存在表情的迟缓，会让人感觉不自然，所以要毫不犹豫地瞬间转换表情。

　　用语言表达情感也是有技巧的。当你向上级表达感谢之情时，有没有因为太过在意礼节的正确性，最终变成了"背台词"的情况呢？虽然这也能够表达你基本的感激之情，但如果你能将自己开心的情感传达到位的话，对方会更喜欢你。

对方希望你开心才会给你送礼物，所以你高兴的样子才是给对方最好的回馈。

当然也不能为了避免客套死板的表达方式，于是说话毫无章法。收到礼物的同时，为了让对方感觉你表达了最真诚的情感，你需要做的是**将自己的感受和想说的话完整地传递给对方**。例如：

"谢谢您上次送我的特产！太好吃了，以至于我吃了一口就兴奋地叫了出来：'哇——这入口即化的口感绝了！'"

"非常感谢您在送别会上对我的照顾。回到家我一边将您送我的花束插到花瓶里，一边欣喜地想'铃木先生怎么会知道我喜欢黄色的花啊'！"

仅仅使用平时跟朋友说话那样普通的语言来表达感激之情，会令对方感觉不舒服，但通过前后夹杂敬语的方式，既可以传递真实的情感，又显得郑重。

此外，你有时可能会突然收到礼物而感到惊讶，导致没能很好地组织语言。在这种时候，**只需要传达你当**

下最真实的心情即可。

　　"你竟然为我准备了这么棒的礼物！我太惊讶了……实在是太感谢了！"

　　我将表达情感的话语称为**情感语言**。为了避免千篇一律，最理想的方法是丰富这种情感语言，因此我在第156 页设置了一个实践课程，大家可以试一试。

　　不要一味遵循礼节，而应该巧妙地表现自己的个性，以拉近与对方的距离。

受到夸奖时不要怀疑

如果有人对你说："今天的领带看起来很适合你！"

你也许会这么回答："啊，没有，这是便宜货啦。"我们的文化中有谦逊的一面，但如果你仔细思考这个对话就会觉得，明明别人是赞扬你，却被你否定了，这不是很不礼貌吗？

毫不犹豫地回答"谢谢！事实上我是因为喜欢这个颜色才买的"，这样老老实实地接受对方的夸赞其实更好。

有时候我们会想对方的话里是不是隐藏着其他的想法，我以前也是这样，想得太多，导致陷入了消极的情绪。除非直接去询问对方，否则是没办法证明我们的那些猜想的。但我们还是会推测对方的真实想法，随意对他人的话下判断，轻易陷入低落的情绪，认为对方只是随便说说，肯定是奉承。一直处于这样的负面循环中，消极情绪自然而然就会表现在脸上。

如果你从给出赞美的那一方的角度想一想，肯定会觉得很委屈——本来没有什么隐情，也没有什么坏心，明明是真心夸奖，对方为什么是这副表情？即便是站在完全客观的第三者的立场，也会觉得明明好好接受别人的夸奖就好了，没必要让他人觉得尴尬。

无论对方的真实想法是什么，我们只需要表现出喜悦的情绪就行了。

我认为，与其对对方的话将信将疑，弄得自己的心情七上八下，倒不如什么都不想，简单地表达喜悦。充分享受喜悦的心情，笑容增多，对自己的健康有益，也能带动周围的人一起开心。

前几天，有人夸我看起来比实际年龄年轻，我甚为欣喜。我当时就高兴地回答："哇！好开心！谢谢你！"在回家路上心情非常愉悦，回家后也向家人炫耀了一番。尽管被孩子们嘲笑，但我依然不觉得别人是在恭维我。单纯地接受对方的夸奖，沉浸在喜悦的心情中，这就行了。

当被对方问到年龄，然后让对方猜猜看的时候，对方由于顾虑到我们的心情，通常会往年轻的方向回答。

如果我们因此感到开心，可能会被对方认为是个天真的人。但是，有可能我们是真的看起来很年轻呢！

无论如何，**被夸奖时，没有必要去追究客观事实。对方是这么说的，我们单纯地接受就可以了**。

即便对方是恭维，如果你向对方展现出真诚开心的样子，恭维的人也会感觉很温暖，因为你的笑容是会产生连锁反应的。而如果对方有坏心眼，那么双方关系也只是流于表面，所以对方的真实想法并不重要。

保持自信，积极接受工作任务也是非常重要的。或许有些人认为表现得谦虚一些会给他人留下良好印象，然而当你向他人委托某项工作时，你会交给一个没有自信的人吗？当然，故意表现出对自己的业绩洋洋自得，或装作权威的样子，也会适得其反。但积极自信一些，会让委托给你工作的人感到安心，相信你能做好被交代的工作，提升对你的好感度和信任感。

有一次，一家公司拜托我去做培训，对方希望员工能够表现得积极开朗，接待工作能得到客户的认可。对方问我："您的培训能帮我们达到这种状态吗？"我当即回答："好的，交给我吧！"

之后，我得知过去没有一个讲师能以100%的自信接受这份委托，这使我感到非常惊讶。我欣然应允后，对方对我说："拜托柳沼老师了，我们想将这份委托交给有自信的人，将这个培训交给您我们非常放心！"

被指名受托某项任务时，一定要毫不犹豫地回答"请交给我吧"，这种态度会开启你未来的成功之路。

当然，在你不知道自己能不能做得来、想要稍微评估一下时，轻易应答也是不可取的。但是如果对方委托给你的是你力所能及的事情，请省去不必要的谦虚言语。被赞美时，诚实地接受，积极把握机会，以完美的笑容回答："谢谢！"

这样的话，你就会成为一个受人喜爱的人。

表达出自己的好恶，对方会主动亲近你

趋于迎合的人往往不太会表现自己的好恶及真实能力，这是因为"如果我说我不擅长这个，对方会不会看不起我？""必须表现出我很靠谱的一面，不然会被对方鄙视"这类心理在作怪。

然而，谁都知道世界上不可能存在完美无缺的人。此外，在有些人看来是短处的地方，也有人会认为这恰恰是那个人独有的韵味，将其看成长处。因此，我们没必要自己去下定论，也没必要因对方的想法感到困扰。

以我的经验来看，一个人**越是能清楚地表达自己的好恶、擅长与不擅长，越是能吸引到与自己意气相投的人。即便是兴趣爱好不同，但因为了解了对方是什么样的人，**

交往也会更轻松。如我前面所讲，令人捉摸不透的人是很难让人亲近的。

这就是为什么我乐于坦率地谈论一些一般被视为减分项的事情，例如我不擅长烹饪，几次将锅烧煳了，或经常冒冒失失地坐了反方向的公车，等等。但我同时可以顺便讲出自己的优点以便让对方了解，例如，因为容易坐反方向的公车，所以工作时我会提前从家里出发以保证不迟到。另外，我也会直接讲出我对食物的喜好，以及无法忍受香烟的味道，这样计划聚餐的那一方在选择餐厅时也会考虑到这些。

有一次我参加一个大型公司的聚会，在我们享受美食并愉快聊天的过程中，时间一晃而过。在解散仪式[1]结束的瞬间，我发自内心地说了一句"啊——太有意思了！"，结果说的时候不小心声音有点大。

在场的全是比我地位高的人，我这种表现原本可能会被视为没礼貌。但我的这句不小心的真心话，让周围的人都笑了起来，我身旁一下子响起了此起彼伏的笑声，

---

[1] 译注："一本締め""三本締め""一丁締め"是日本团体饭局后常见的解散仪式。首先由领导站起来说两句，然后领头吆喝一声，大家跟着节奏拍手，散会。一本締め："吆~（吆喝声），啪啪啪！啪啪啪！啪啪啪！啪！（拍手声）"只来一次。三本締め："吆~（吆喝声），啪啪啪！啪啪啪！啪啪啪！啪！（拍手声）"重复三次。一丁締め："吆~（吆喝声），啪！"干净利索。

大家似乎都卸下了包袱，轻松地与我交谈，对我说"你觉得开心就好"。

　　诚实地表达自己的喜悦并非不礼貌。不经意地表达自己的喜好和不擅长的事物，周围的人便不用总是对我们小心翼翼，这样我们与他们的交往也会变得更加顺畅。但是，伤人的话一定不要说，例如"我讨厌那个人""我跟他相处不来"等言语不能随便讲。

　　比起完美无瑕的人，能让人看到不足之处的人更容易让人亲近。

不经意地表达自己的喜好和不擅长的事物，更容易让人亲近。

建立 0.1 秒就被人喜欢的模式　第 2 课

写情感语言日记

情感比正确性更容易打动人心、推动人的行为。为了调动对方的情绪，你必须很好地传达你的情感。

在工作中，比起情感，人们往往更重视理性，然而其实通过传递丰富的情感，被介绍的产品会更具吸引力。例如，介绍自己公司的产品时，除了介绍优点外，再说一说你自己喜欢产品的哪些部分，那么对方会从情感上贴近这个产品。因为如果是商店的员工或销售人员自己也真正喜欢该产品，他人就更能感受到产品的魅力。

情感词汇即表达自己感受的词语，最简单的情感词汇有愉快、开心、有趣、美味、很好、喜欢、感动、吃惊等。

如果在这些简单的词汇前再加上**什么地方、如何**等描述性语言，就更能引起对方的共鸣，从而回应以积极的情感，形成"情感语言"。

接下来让我们进行一些练习。首先，请准备一个笔记本。即使是平时使用的日程本也没关系，只要有足够的空间能记录每天的情感语言就够了。

① 写下当天唤起你情感的事物。

＜例＞午饭吃的培根蛋面很美味。

② 如果要将你的情感告诉某个人，你会想到什么样的表达方式呢？尽可能从多个角度来思考唤起情绪的点。

＜例＞软糯的口感太棒了！

意大利面和酱汁简直是绝佳搭配。

虽然味道很重，但吃到舔盘子还是第一次。

③ 将②中提到的要点与简单的情感词汇结合起来。

＜例＞软糯的口感，超级赞！我好喜欢这种口感啊！意大利面和酱汁的融合真是风味绝佳，一定要尝一尝，你一定会爱上的！虽然味道很重，但吃到舔盘子还是第一次，我被这种味道惊艳到了！

④ 诚实地传达给对方！

上述①—③中的例子，每天记一个也可以。将你的感受像写日记一样每天记在笔记本里，然后在与家人、朋友、恋人、同事聊天时拿出来用。在坚持这种训练的过程中，情感语言就会慢慢变成你的一种习惯。

传递信息时要清楚明了

在第二章中我们讲了尽情式微笑，在第三章中我们谈到了聊天技巧，但对方不仅仅看你的表情，还会观察你的肢体动作。

在培训中，我们会无数次地进行客户应对练习。

除了鞠躬和介绍的常用方式之外，我还教授一些肢体动作，这些肢体动作与语言、表情相结合，就会给人留下非常良好的印象。

具体方法我将在第五章中介绍。例如，当客户走进店里时，我们将放在身前的手臂大大张开，或当我们在说什么的时候，像在身前托着一个大圆球一样用双手画圆圈，等等。

　　这种动作是使人对我们按下粉色开关的第三个要素。

　　如果做这些动作时身体僵硬，就无法很好地将信息传递给客户，连带着表情或语言也会变得笨拙生硬。

　　在训练中，我们的练习会比较夸张，受训者刚开始会因为害羞而笑场，但这些动作逐渐就变成了日常习惯。因为无论训练的时候如何夸张，在真正面对客户的时候都会有所拘束，因此在训练时，近乎极端的程度刚刚好。

打招呼之前加上"××（先生/女士）"

在人群中，听到有人叫自己的名字时，就会条件反射地抬起头，相信大家都有这样的经历。名字是一个特别的东西，如果在光顾的店里，店员直接用你的名字称呼你，而不是"客户"，你一定会觉得受到了特殊对待，从而感到开心。被称呼以代表独特的姓名，而不是"客户"这样的非特定代词的大众化词语，你会是什么心情呢？相信大家在日常生活中都深有体会。

称呼对方的姓名开启聊天是在见面瞬间就给对方留下良好印象的有效方式。

在日常的商务谈话中，有时候会出现找不到合适的时机来叫出对方的姓名的情况。错过时机，直到谈话的最后都没能叫出对方姓名的情况也有。

这种烦恼可以这样解决——**在见面的瞬间就叫出对方的姓名。**

"田中先生／女士！你好！感谢你前几天能来，今天又百忙之中为我抽出时间，实在非常感谢。"

"泽井先生／女士！我们一直在恭候您的到来，欢迎光临！"

像这样在第一时间叫出对方的姓名，也可以瞬间调动对方大脑的反应，使效果备增。

因为工作，我每天都会遇到很多人。由于很难当场记住每个人，我会在名片上做标记。将每个人的特征以图画的方式记下，或记下对方的爱好，例如喜欢棒球、是哪个棒球队的球迷等。

有一天我受邀参加某客户企业的演讲，走入会场之后，看到参会者名单中有我以前见过的人的名字，于是我拿出名片进行确认。在回忆对方的样貌和当时的聊天内容的同时，我多次进行讲出对方头衔和姓名的练习。

我非常重视练习，因为如果能将对方的姓名练顺口的话，就可以很有自信地笑着叫出对方的姓名。虽说是练习，但其实需要的时间不到一分钟。

很快，那个人过来了。

"铃木支店长！前几天非常感谢您的邀请，那之后大家感觉怎么样呢？"

对方似乎并没有想到我会叫出他的姓名并跟他打招呼，因此惊讶地说："您还记得我？啊，太开心了！"

大家也可以通过叫出对方姓名的方式，创造一次愉快的再会场景。笑容、语言和称呼姓名都可以传递温暖的情感，也可以建立良好的交往关系。

附和他人时，语言＋两种笑容可使气氛活跃

　　根据对方聆听的态度，说话者的兴致会有所变化。善于附和即是善于聆听。如果附和方式富于变化，就可以调动聊天气氛。

　　附和时，可以有"欸——""那好厉害啊"等表示认同的话，也可以有"哇，那确实很让人惊讶"等表达自己感受的话。另外，如果你稍微提点问题，如"怎么会那样呢""然后怎么样了呢"等，对方就更容易将话题进行下去。

　　然而无论你附和得多好，如果表情一直没有变化，对方会担心"有在听我讲话吗""我讲的话是不是很无

聊啊"等。**轻微地附和，以及倾听对方讲话的时候展现出待机式微笑，在自己讲话前后加上尽情式微笑，时而交织一些惊讶式表情**，就可以让对方兴致高昂，聊天气氛也会更活跃。

进一步让附和有所变化的方法，可以参考访谈节目。仔细观察电视节目和电台节目中，主持人在采访嘉宾时是如何附和、提了哪些问题、怎么调动气氛的。**如果你认为某个地方很好，请在笔记本上或其他地方做笔记，然后照着说说看。**为了提高英语口语，通过听力加复述的方式可以进步得很快，母语也一样，通过复述，会学习得更快。从未实际使用过的措辞是无法在交谈中瞬间流畅地讲出来的。说到底，练习是一件非常重要的事。

通常大家会认为倾听对方讲话是被动的行为，倾听者很难采取积极行动取悦对方。但是，能使讲话人产生好感，让对方期待下次再见的人有一个共同特点——是一个优秀的倾听者。这里的"倾听"是指，在共有的时间内，大部分时间都是对方在讲话，而你保持有意识的倾听状态。

善于倾听的人，可以使讲话人心情愉悦地讲下去。当然也有人可以无意识地做到这一点，但大多数人如果不在最开始时有意识地去做，是很难做到的。

　　例如，假设某次会面时间是 1 小时，如果你是一个善于倾听的人，就可以使对方在大部分时间（大约 50 分钟）心情愉悦地讲话，剩下的 10 分钟是你的附和及提问时间。

　　对方在讲话时，会受你的表情和态度的影响。也就是说，**正在倾听的你，可以通过你的姿态充分赢得对方的信任。**

　　对方感觉到你在兴致勃勃地倾听，会产生被认同的愉悦感，就会自愿公开自己的信息，或对你产生兴趣，向你提问。

　　当一个人得到了对方充分的理解和认可时，内心会感到满足，然后下一次也会积极倾听对方的故事。下一次谈话时，角色就会发生逆转，对方会以非常开放的心态倾听你的故事。

　　善于附和后，你会感觉到对方与你的情感距离变得更近了。人是在感觉到自己被理解后，才开始信任对方的。

　　与人交谈时，请记住以下顺序：

倾听→赞同→交谈→信任

回应时递出心脏

在与人交谈或被人搭话时，有些动作会让人对你的印象瞬间变差，例如跷二郎腿、往后靠向椅背、抬着下巴讲话、转笔等。在训练中，我会让受训者进行现实模拟，相互观察。比起阅读文字，亲眼见到更有助于我们理解这些动作有多么令人不快。表现出这样态度的人自身可能意识不到，但是对方会觉得自己被轻视，对话便难以进行下去了。

尤其是手臂抱在胸前、跷二郎腿和往后靠向椅背这些动作，都是与对方保持距离的姿势，这些行为是无法获得对方好感的。

在客户接待中也不例外。被客户搭话后，虽然也在回应，但是很多人声音低沉、没有笑容，甚至头也不回。身体传递的信息非常重要，所以请不要有这样的态度。有意识地表现出良好的态度后，对方更能感受到你的友好；而且，在反复练习的过程中，你会自然而然地、无意识地做出这些肢体动作。

那么使人感觉良好的肢体动作究竟是什么样的呢？

那就是，**看似将心脏递与对方一般，以上半身向对方倾斜的姿势加上笑容，然后，提高你的声音，给予对方回应**。这是在被客户搭话时的基本表现要素，将心脏递与对方的姿态是信任对方的表现。

当人们觉察到危险时，会马上采取保护自身要害的行动，其中最重要的就是保护心脏。因此，如果你将手臂或书本等抱在胸前讲话，会在不知不觉间令对方感觉你处于戒备的、没有敞开心胸的状态。

这也同样适用于办公室。当被呼唤时，要转过身将心脏面向对方，仅此一点就会给人留下好印象。将作为要害之处的心脏展现出来，或靠近对方的动作，都是向对方表示信任的动作。当有人从背后喊你时，如果你仅仅是转过头来，那么即使面带笑容，也会给人一种你正在忙于其他事情的感觉。将整个身体转向对方，身体前倾，将心脏靠近对方，告诉对方你已经做好了回应对方要求的准备（见图 11）。

图 11　递出心脏的姿态

　　①被客户搭话时，以身体微微前倾的姿势回应对方。抱着手臂或书本会给人没有敞开心胸的感觉，因此要将手自然放于身体两侧。

　　②工作中被客户搭话时，以"良好印象的 3S 回应"来应对：

　　（1）微笑（smile）：在转身前做出尽情式笑容。

　　（2）起始姿势（starting position）：做出递出心脏似的前倾姿势。

　　（3）快速转身（speedy turn）：被搭话后，快速转身。

以"三明治式笑容"来抓住人心

展现尽情式笑容的要点是，要在相遇的瞬间抢在对方前面表现出来。这样就会让人感觉你很随和，对你按下粉色开关。将这种笑容在交谈结束时再展现一遍，就会继续给人留下"很好沟通""令人感觉很舒服"的印象。

我将此称为"三明治式笑容"（两片面包中间夹心的感觉）。在表现出尽情式笑容之后，打招呼说"初次见面，我叫柳沼，很高兴认识你"，最后再一次露出尽情式笑容。

在第三章中，我介绍过向他人提出请求时需要使用的沟通技巧，若再加上这种"三明治式笑容"，效果会更上一层楼。

在喊出"××（先生／小姐）"的同时，展现出灿

烂笑容，然后在说"××（先生 / 小姐），能麻烦你周五之前提交费用申请书吗？"中的"吗"的同时，再一次露出尽情式笑容。

在第四章中，我介绍了在微笑和聊天技术的基础上，配合其他要素调动对方积极情感的技巧。接下来，终于到了第五章的实践篇了。在第五章中，我设想了各种各样的场景，我会在这些场景中向大家介绍将表情、聊天技巧、肢体语言结合起来的表达方式。

空気を読まずに
0.1秒で好かれる方法

第五章 （案例学习）

通过表情＋聊天技巧＋表达方式，
成为一个总是受人喜爱的人

到目前为止，我已经详细描述了瞬间就能让对方对自己按下粉色开关的三种受欢迎模式，这三种模式构成了受人喜爱的基础，分别是利用表情、聊天技巧、肢体语言的表达方式。在本章中，我将介绍在何时何地使用这些技巧。

　　这些模式不一定都得背下来。首先，从一些你认为能做得来的方法开始尝试，然后你就会掌握一些要点。习惯之后，你就能在其他场景中运用类似的模式。

　　简而言之，就是以积极的心态，夸张地、近乎过分地表现。

　　做到这些就够了。

　　你也可以通过参考这些案例，在不断活用的过程中形成属于自己的风格。

案例研究的注解

●向大家介绍工作场合和个人生活中与人接触的典型场景下的交谈和动作。

●向大家说明在各种场景中可使用的三种表情及音调、肢体语言等。

●表情和音调的使用方法，请参阅以下图例。

符号和线型的种类

< 受人喜爱的三种表情 >

尽情式笑容　　待机式微笑　　惊讶式表情

在对话内容和肢体语言的解说中插入图例来表示

< 三种音调 >

━━━━━	━━━━━	┄┄┄┄┄
明快音调	简单音调	低沉音调
< 略高于正常音高 >	< 正常音高 >	< 略低于正常音高 >

在对话内容下方以线型表示

顾客接待的基本

当你作为顾客进入一家店铺时，你会对什么样的氛围和接待方式感到舒服呢？

接待顾客时，最重要的是对所有来访的人都表现出欢迎和感谢的态度，而不仅仅是对自己正在接待的顾客。

01   向顾客递交其已购买的商品时

1. 以😊帮顾客包装

2. 将商品递向对方，以😄与顾客进行眼神接触

3. 双手将商品递给对方的同时，以😄对顾客说：
"（石川先生，一直以来）感谢您的惠顾！"

要点

●上述场景 1 中，如果你能一边想象着顾客从看中这款商品到最终决定购买的过程中的喜悦感，一边为顾客打包，那么这种内心活动会反映到你做事的态度中，更进一步提升对方对你的好感度。

●上述场景 3 中，对到店两次以上的顾客，在言语中加上"一直以来"，可以让对方感觉"你还记得我呀"，从而对你产生良好印象。

●在上述场景 2 和 3 中，大家经常容易过于专注在商品上。遇到这种无法将注意力全部放在顾客身上的情况，可以保持尽情式笑容，在将商品递交给顾客的时候尽量与顾客进行眼神接触。

02　从店内出迎顾客时

迎接已预约顾客的场景

1. 将两手叠放在肚脐位置：

😆 "欢迎光临，下午好！" 😆

顾客："我是预约了今天2点的山田。"

2. 以两手托着一个圆球似的手势：

😲 （啊，）"山田先生！😆 我们恭候您多时了！" 😆

要点

● 作为接待顾客的基本姿势，大家经常会将两手交叠放在肚脐处，但如果这种姿势保持过长时间，就完全看不出欢迎的意思。

● 上述场景 2 中，停止双手交叠的动作，使用两手托着一个圆球似的手势（见图 12 ①），可以与接下来的语言自然连接；在这个手势中，如果再加上两手握空拳的手势（见图 12 ②），则可以表现出敞开心扉欢迎对方的感觉。

● 上述场景 2 中的"啊"用自言自语似的口吻讲出。

● 请记住已预约顾客的姓名。通过称呼姓名，可以传达出一种特殊对待的感觉，增强对方的满足感。此外，如果立刻叫出对方的名字，也可以向对方传递出"我已做好准备，正满怀期待地等着您"的信息。

● 在确认对方姓名的同时配以惊讶式表情，可以传达"您就是山田先生啊"这种初次见面的喜悦心情。

● 两种表情的瞬间转换，可以给人留下充满活力、魅力十足的印象。

小贴士　● 上述场景 2 中，慢慢地说出对方的名字，可以进一步向对方传递其被特殊对待的感觉。

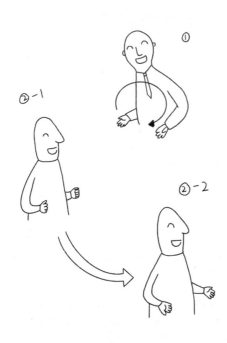

图 12 与顾客交谈时的手势

①两手托着一个圆球似的手势；

②两手握空拳的手势，与①组合起来用，可以给对方留下敞开心扉的印象。

迎接一般顾客的场景

1．以微微前倾的姿势：

☺ "欢迎光临，您好！" ☺

顾客："我没有预约，可以进去吗？"

2．保持微微前倾的姿势：

☺ "可以的，非常欢迎您的光临！"

碰巧，目前这个时间段已经预约满员了……

保持微微前倾的姿势：

☺ "非常欢迎您的光临！ ☺

如果您可以等 30 分钟左右的话，就会有空位，您看如何？" ☺

要点

●没有预约突然造访的顾客可能会担心无法入店。首先，我们需要以尽情式笑容将欢迎之情 200% 地表现出来。

●无论是否有预约，对方都是顾客，不能差别化对待。此外，对其他同事的顾客也要表现像对待自己的顾客一样的欢迎态度，这点非常重要。

03 在店内空闲时

在店内走动或站立的时候

1. 姿态良好地以眼神确认顾客的身影，保持☺

2. 如果与顾客对视，马上展现出笑容：

😄 "欢迎光临，上午好 / 下午好！" 😄

要点

●在没有接待顾客时，大家往往会面无表情地站立或者走动。但是，如第一章所述，你无意识的表情给人的感觉其实比你想象的要糟糕得多。即便在接待顾客以外的场景中，也要时刻注意自己的表情是否能够获得对方的好感。

●当你正在店内走动时，原本看着商品的顾客可能会不经意间抬起头，与你目光相对。那时，不要犹豫，向对方致以尽情式笑容，然后自然地走过去就可以了。

●如果顾客想要咨询某些信息，他们就会在那个时候跟你搭话；如果没什么事，他们也会由于接收到了你的笑容而感到踏实，继续选购。

在柜台工作时

1. 做预算、确认票据、操作电脑等的同时，保持😊

2. 时而伸展上半身，抬起头😊

3. 与顾客目光相对时，瞬间露出😄

要点

●上述场景 2 中，通过向店内顾客致以待机式微笑，可以传达出"随时准备为您服务"的信息。

●尤其是在柜台工作的店员，顾客会感觉很难找到机会与其搭话；若是店员时刻保持微笑，顾客就容易上前搭话。我的一个客户公司，就是因为店员在工作中也注意保持待机式微笑，店内的氛围变得更好了，主动咨询或索要产品宣传册的顾客也增多了。

●令顾客感觉"我想咨询一下，但是他好像很忙，还是算了吧"而导致对话流失是非常不值得的，因此工作中也应该时刻保持待机式微笑。

04 被顾客搭话时

当被顾客搭话"不好意思……""稍微打扰一下可以吗"后，

瞬间露出😄回答：

"您好，欢迎光临！" 😄

"您好，让您久等了。" 😄

"您好，请您稍等。" 😄

要点

●顾客在与店员打招呼时也会感到紧张，因此如果你向对方示以笑容，跟你搭话的人就会感到放松。顾客之所以会紧张，是因为担心遭受不好的脸色，所以请展示一瞬间就可以消除对方的不安和紧张的笑容。

●回应对方时为了给人留下好印象，需要注意"3S"（见119页）。

05   为顾客送行

1. 😊 "非常感谢您的光临，期待您下次再来。" 😄

2. 顾客转身后，换成 😊

   如果顾客回头，

3. 微微低下头，😄 "感谢您的光临！" 😄

要点

●有些人在顾客转过身去时，脸上的笑容就消失了。这种表情的变化，也许会被周围的顾客看到。我们不能只注意自己接待的顾客，还应该时刻意识到周围的顾客也会看到我们的表现。

●上述场景 1 中的"期待您下次再来"应该用明快音调讲出来，这样会给人一种爽朗的印象；如果使用简单音调，给人的印象就会比较平淡。

在公司外面

拜访客户时，一旦走进对方公司的大门，就要将周围的人都看成客户方。即便是见过多次的人，也会在看到你的瞬间对你按下粉色或黑色开关。第一印象很重要。

06　与初次见面的人会面时

1. 提前到达预约地点后，在附近的车站或便利店的卫生间多次进行尽情式笑容练习，做好热身，以使表情自然

见到对方后，

2. 先于对方：

😊 "初次见面，您好！"

对方："您好！"

😊 "我是 ×× 公司的佐藤幸太郎，

非常感谢您今天为我抽出宝贵的时间。" 😊

要点

● 与新客户会面或第一次拜访合作方负责人时，我们往往会因为想给对方留下良好印象，不希望被对方讨厌，或不知道对方与自己是否合得来等心理而变得比平时紧张。越是强烈地想给对方留下好印象，脸上的肌肉越容易变得僵硬。可以早点出发到达约定地点，在见面之前放松一下脸上的肌肉。

07　拜访客户时（在前台）

1. 😆 "承蒙关照，我是 × × 公司的佐藤。
我与营业本部部长佐佐木弘先生约了今天 2 点会面。" 😆
前台："佐佐木对吧，请您稍等。"

2. 😆 "是的，谢谢！" 😆 → 🙂

要点

●不要忘记前台也是客户方的人。另外，前台可能会认识各个部门的人，给前台留下良好印象，对方可能会将此传达给你的客户。

●你在前台说话时的样子，有可能会被与你有业务往来的部门的人看到，因此不能仅仅只是在面对与你有约的客户时迅速改变态度，要以令谁都会感觉不错的模式来与对方公司的人接触。

●介绍自己时，将姓名慢慢地、大声地说出来，对方会更容易听进去。

08　被引导到会面的房间时

当对方说"我带您过去"时，

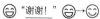

要点

●穿过对方公司内部走到会面房间的过程中，你的样子会被很多人看到，因此要保持待机式微笑，这样可以给对方公司的人留下好印象。

●在对方安排的房间里等待时，既不要因为初次会面的不安而表情僵硬，也不要因为房间里没有其他人而心情放松，使等待的姿态过于松懈。应时刻保持待机式微笑，不要靠着椅背，后背要挺直。

●多人一起去拜访时，要注意在房间内等待时的对话，因为声音有时会传出门外。

●听到敲门声就立刻露出尽情式笑容。这样一来，即使对方进来了，或其他人给你上茶，你都是做好了充分准备的。

09 在对方的接待室中，负责人进入并交换名片时

作为项目负责人，陪同部长一起拜访他的客户，在接待室等待对方。

敲门声响起，

1. 以 等待

会面对象："让大家久等了，我是山本，感谢各位今天的到来。"

部长："百忙之中叨扰您，非常感谢您抽出宝贵的时间。这位是系统部的负责人佐藤。"

在部长介绍你的过程中，

2. 背伸直

部长的介绍完毕，轮到你打招呼时，

3. 认真注视对方的眼睛，递名片的同时：

"我是 ×× 株式会社系统部的佐藤幸太郎，

非常感谢您今天抽出宝贵时间。"

要点

●上述场景 1 的笑容是为了传递"能见到您真的很高兴！我一直在等待着这一刻！"的心情。

●在商务会面中，也要注意以尽情式笑容清晰地表达观点。

●在对方和部长两人对话时，你作为听众，以待机式微笑一边点头，一边聆听两人的对话。视线投向说话的人，上半身也微微倾向那个人，这样做可以传达你在全身心倾听的感觉。

10 被上茶时

对方的人问你"我给您上点茶水，您是喝绿茶还是咖啡呢？"时，

1. 😄 "谢谢，麻烦给我咖啡吧。" 😄

对方的人给你端来咖啡，

2. 😊 "谢谢（麻烦了）。"

要点

● 在拜访地被询问需要哪种饮品时，如果你回答"哪种都可以"的话，会使对方感到困惑。被询问时就选择自己喜欢的并告诉对方即可。从为你准备饮品的那一方来说，更希望能为客人奉上他喜欢的饮品，因此不要有所顾虑。

● "那就咖啡好了"这样的说法，会给人一种"没办法""都不喜欢，姑且就选……"的感觉，所以请用"麻烦给我咖啡""请给我茶"这样的说法。

11 为了很好地说明自己的意思时

1. 😄 "那么接下来我说明一下商品的使用方法。

请看这边， 😁

有 5 个步骤。" 😄

2. 说明结束后 😊

要点

●讲话时注意区分使用明快音调和简单音调，可以在整体交谈中形成一个简单易懂的节奏。

●有人一旦开始介绍商品，就会表情僵硬、语速加快。然而，放松肩膀，有意识地保持微笑，对方会更容易听懂。

●交谈时间越长，笑容就越容易从脸上消失。说话的时候，要有意识地将尽情式笑容在结尾表现出来。我也建议在交流过程中适当插入尽情式笑容。

●自己的讲解结束后，在倾听对方的意见或接受对方提问时，请用待机式微笑回应并适当做出点头的动作。

 ●最后，当你向对方询问"您这边有没有什么问题？"后，请以尽情式笑容等待对方回答。保持尽情式笑容，会给人一种很乐意接受对方提问的感觉。

12　倾听对方

1. 保持😊，以身体微微前倾的姿势，一边点头一边倾听（见图 13）

2. 根据对方讲话的内容来附和对方，使用😊或😲来制造起伏：

😲"啊！是这样啊！"😊

😲"哈！原来跟这个有关系啊！"😊

😲"原来如此！这样就可以顺利进行了！"😊

😊"知道了！确实是这样！"😊

要点

● 即便你有想要表明的观点，但商务谈判的第一步还是先倾听对方。

● 附和的话语中句尾的"呀／啊……"，如果是以低沉音调说出来，会给人留下不好的印象，所以要特别注意使用柔和的声音。

● 待机式微笑是最基本的，时而加入尽情式笑容或惊讶式表情，就可以传达你被对方的话所吸引的感觉。

● 惊讶式表情可以传递第一次发现、初次知道的新鲜感。

● 如果对方感觉到你有兴趣，就会想和你说得更多。

小贴士

● 尝试以不同的音调来传达自己想传达的不同形象。

● 附和的语言中，使用明快音调讲出"哈！"可以传递第一次知道或惊讶的感觉；如果使用简单音调，就变成了"非常钦佩"的表达方式了。通过使用简单音调和明快音调，可以打磨出自己的表达方式。

● 将开场时的附和话语相对大声地讲出来，会给对方留下深刻的印象。

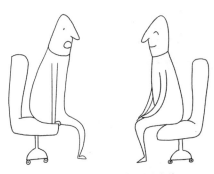

图 13　倾听对方讲话时的姿势

　　倾听对方讲话时，需要将上半身微微前倾，基本表情是待机式微笑。

13 发表讲话

1. 进入会场前，做出 😄

2. 保持 😊，面向出席者全员：

"早上好（大家好）！" 😄

3. 然后，尽量与大家一一对视，

带着 😊 走向自己的席位并坐下→😊

当轮到你出场时，主持人说"接下来有请××公司系统部的佐藤先生"后，

4. 😊 起身走到台上，站立

5. "我是××公司系统部的佐藤幸太郎，

非常荣幸今天有机会站在这里。" 😄→😊

要点

●进入发表讲话的场地之前，就露出尽情式笑容。

●在人多的场合进行初会面的寒暄时，要以让后面的人也能清晰听到并且感受到的明快音调打招呼，通过提高音量可以达到想要的效果。

●站立时请注意身体不要向后仰，会给人一种傲慢的印象。

●配合想要传达的内容，时不时加上惊讶式表情或两手从腹部抬到胸前附近张开等肢体动作，效果会更好（见图14）。

●在表达想强调的内容时，身体微微前倾，效果会更好。

图 14　发表讲话时的身体姿势

　　① 一边说话一边将手从腹部抬到胸前附近张开，表达想强调的内容时，身体微微前倾，效果会更好；

　　② 指向投影资料时，边说"请看这边"边附带手势。

14　商谈结束

1. ☺ "感谢大家今天抽出宝贵的时间。" ☺→☺

2. "我会做好提案书，本周内以邮件的形式发送给佐佐木部长。" ☺

要点

●商务谈话的最后，要表达当天的感激之情，并确认接下来的流程，明确时间、与谁对接、做什么非常重要。

●在多人一同出席的情况下，按照上述场景 2 中所说，将上半身和脸一一朝向各相关人员，一边进行眼神接触一边微笑，就能够很清楚地传达你想要确认的事项。

●一边微笑着看着对方的脸一边表达你的想法，可以增加一种理解和确认的意味，从而提升信任感。

 ●确认内容的关键部分时，要慢慢地、清楚地讲出来，这样更容易在对方的脑海中留下深刻印象。

15　对方喋喋不休，难以告辞时

1. 看着手表或时钟，立刻露出😲"啊，已经这么晚了啊！"

2. 😄"聊得太开心了，完全忘记时间了。

您应该还有别的事情要忙吧?

我接下来也还有点别的事，那我先告辞了。"

开始收拾桌上的用品，

"今天真的是非常感谢！"😄

3. 在上述场景 2 中的内容即将说完还没说完时，保持😄从座位上起身

要点

●将上述 1、2 连起来做是重点，可以使对方无缝可插，爽快地结束对话。

●如果做出不时看看手表、坐立不安、注意力不集中等表现的话，对方可能会意识到自己讲话的时间太长了，但同时也会接收到一种抱怨的情绪。

●一边看手表，一边将场景 1 中的话以对方能听得见的音量自言自语般说出来，这是诀窍。

●将场景 2 中的内容，以一种将责任归结为自己，而不是推向对方的婉转说法表达出来。关键是要表明忘记时间的不是对方而是自己。

●将场景 2 中的"我先告辞了"用低沉音调表达出来，可以向对方传递本来想多交流一些但是非常遗憾的心情。

16 在电梯处告别时

1. 上电梯后，看着对方的脸说😄 "我告辞了" 😄
2. 深鞠躬
3. 在电梯门关上之前，起身，抬起头，与对方进行眼神接触😄

要点

● 大多数人进电梯后会一直低着头等待电梯门关闭，而不看为他们送行的人。但是，作为最终印象，保持笑容会令对方感觉"他对我印象不错"。在电梯门合上之前，请向对方展示你当天最灿烂的笑容。

● 看着彼此的笑容道别会使双方留下心灵相通的良好感觉，从而产生对下次见面的期待。

17　在冷餐会上

短暂交谈过程中的基本姿势

1. 以😊的状态，慢慢走入会场

2. 走近某个人或像是某个公司的集群，

😄 "初次见面，你（们）好。" 😄

一边看向集群里的每一个人，一边打招呼，

"我能跟大家打个招呼吗？" 😄

对方注意到你，回答"好的"后，

😄 "大家好，我是 × × 公司的石川里子！" 😄，

同时递出名片

要点

●在冷餐会上，很多人常常会不知该置身何处，于是就一个人呆呆地站在墙边，或是一个劲地吃着食物，但这样只会感到不自在，进而更加回避他人。

●因为这本身就是一个交流场合，别人不会因为你的主动搭话而感到奇怪。大部分人，比起主动和别人说话，更希望别人主动找自己说话。在这种心理下，被搭话的人会感到放松，并对你留下较深的印象。

●设想在场所有人都比较紧张，而你就是要来消除这种紧张的！带着这样的心情，再带上尽情式笑容向他人打招呼。

●总是无法主动破冰的人身处这种场合时，如果有熟人在的话，可以直接拜托熟人"如果可以的话，给我介绍一下你的朋友们好吗？"，当然此时也必须保持尽情式笑容。

为站在台上致辞的人鼓掌时

1. 手的位置：

不是将手放在正胸前鼓掌，而是朝着对方的方向伸出去一点

2. 鼓掌的声音：

从一开始就以较大的声音热情地鼓掌

3. 表情：

要点

●我在早会的案例（第 157 页）中也会讲到，站在台上的人可以看清楚下面的每一个人，哪怕台下人很多。

●如果我们自己成为调动气氛的人并率先送上掌声，在台上致辞的人的心情也会更加愉悦，进而整个宴会的氛围也会变得更好。

小贴士

●大家应该也有主办宴会或典礼、联欢会等的经历吧？嘉宾或领导致辞后，如果会场的掌声稀稀拉拉，整个氛围就会变得非常糟糕。要想获得热情的掌声，首先自己要带头鼓掌。在安静的会场里大声鼓掌，一开始是需要勇气的，但是周围的人都会随着你的掌声而开始鼓掌，因此你一定要尝试一下，这样，你就可以带动全场了。

在公司内部

如果被公司里的人认为是个不错的人，你应该每一天都会很开心，能够全身心来表达自己和自己感兴趣的事物。但是有时候也会一时大意，变得面无表情——因此要多笑！

18　（早晨）到公司时，在公司门口

看着对方的眼睛，😁"（××课长，）早上好！"😁

要点

● 到了公司之后，与不熟的人也要打招呼。

● 如果能表现出尽情式笑容，更能传递温暖。

● 打招呼需要勇气，但可以将此看成一种"见到别人就必须打招呼"的习惯。

● 不要低头走路，避免做出不让对方进入你的视野的动作，更不要无视对方。

● 被对方招呼的时候，也要用尽情式笑容来回应。向别人打招呼后，被回以笑容，打招呼的人会感到很开心。

19　在电梯里

在电梯大厅，

1.　不要低头看地面，自然正视前方 ☺

上电梯后，如果有人问你"您去几楼？""我帮您按吧？"

2.　😄"麻烦帮我按一下 5 楼，谢谢。"😄

去往目标楼层期间，

3.　不要低头看地面，自然正视前方 ☺

要点

●在电梯大厅时如果一直盯着手机看，全身上下都会散发出一种"不要跟我讲话"的气场，我称它为"生人勿近气场"。盯着屏幕看的时候，会保持低着头、向斜下方倾斜的身体姿势，给人一种无精打采的感觉。

●在电梯这样狭窄的空间里，要注意控制明快音调的音量。

●有人帮你按下电梯楼层按钮后，如果你迅速低头看手机，会给人留下很差的印象，因此要自然正视前方。

20　（早晨）到公司时，在办公楼层

到达办公楼层后，

1. 😄打开门

2. 以全楼层的人都能听见的声音向大家打招呼：

　😄"早上好!"😄

3. 挺起胸膛以环视全体的姿势走进办公室，视线投向整个办公室
到达自己的座位，

4. ——看向周围的人：

　😄"（××）早上好!"😄

要点

● 像红毯上的演员、T台上的模特、入场式中挥手的运动员那样，向周围的每一个人露出尽情式笑容并打招呼。

● 早上，与每个人对视，并相视一笑，可以使人心情愉悦，他人也会更乐于跟你搭话。

● 打开门进入办公室的时候，要面向所有人大声地打招呼。

● 对着旁边的人大声说话可能会吓到对方，因此要根据与对方的距离来调整音量。

21 （早晨）向前一天晚上请你吃饭的上司道谢

主动到上司那里，

1. "主编，昨天非常感谢！"
2. "真——的！太开心了！"

"回家后，我还跟家里讲了：

'你们知道那家店吗？

那里的面条，超大份的！

你们一定会很吃惊的！下次带你们去！'"

要点

●将感激的心情在不同时间传达两次以上，会给对方留下良好印象。如果对方知道分别后你依旧非常愉快，他的愉悦感也会备增。

●第一次道谢应在当天当场；第二次可以是在第二天上班时或发邮件等场合，在这里我们预设的是次日早上再次道谢的场景。

●第二次道谢给对方的印象相对来说会更加深刻，因此一定要重视。在第二次道谢中，要点是将当时的感受更具体地表达出来。将你采取了什么样的行动、在哪个点被感动了等等，用一句话描述出来。

●在上述场景 2 中，使用"情感语言"（参照第 98 页）来表达感谢。

●根据你与上司的关系或你的立场、年龄，表达方式应有所不同，但不那么客套的语言，更容易传达你的情感。

●比如，说"真的很开心"的时候，为了能让对方产生共鸣，可以在表情或者声音上下功夫，试着在开头的时候加入惊讶式表情。

小贴士 ●将"真的"以"真——的！"的感觉，慢慢地、清晰地强调出来，会拉近你与对方之间的距离。

22 早会

1. 集合后，挺直脊背站立

 （坐着时也要挺直脊背）

2. 保持😊，注视在台上致辞的人，一边点头一边倾听

要点

● 站在台上能清楚地看见人群中每一个人的样子，因此，早会或其他会议是让站在台上致辞的人对自己产生好感的绝佳机会。

● 将这个场景看成全场只有说话人和自己两个人在对话，倾听对方的讲话，而不是将自己看成人群中的一员。

● 站在台上讲话的人是比较容易紧张的。如果你能微笑着抬起头，向对方传达"我在倾听"的态度的话，对方就会将视线转向能在人群中给予他安全感的你，同时对你的印象也会变得更好。

● 低着头或视线到处游离会很显眼。另外，要避免面无表情地倾听，这会让人感觉你没干劲、没兴趣、注意力不集中等。

23　分发会议资料

1. 在全员面前挺直身板，与会场最后一排的人也能相互对视

2. 😄"我来给大家分发今天的资料。"😄

3. 绕向每个人的座位，与递交资料的对象对视，

😄"给您资料。"😄

要点

●一般人很容易将分发资料看成一个简单的任务，其实，这是你给对方留下良好印象的好机会。

●由于亲手递交资料时与对方的距离较近，因此要注意说话的音量不要太大。

●从较高的方位给坐在座椅上的人递资料，会给人一种压迫感，因此要注意在对方坐着比较容易拿到资料的方位和高度，从侧面递过去（见图15）。

图 15　分发资料的方式

　　分发资料的时候稍微弯下腰，从对方的侧面——对方容易拿到资料的位置递过去。注意自己的眼神高度与对方的眼神高度保持基本一致，这会让对方对你产生良好印象。而站得笔直、从高处将资料放到对方桌子上的方式，会给人一种粗鲁的感觉。

24　在大家闲谈的场合

1. 无论是坐着还是站着，都要以上半身微微前倾、靠近对方的姿势，😊注视着说话人的眼睛，认真聆听

2. 有时，为了让对方了解自己在倾听，可以稍微夸张地将脸拉长，点头示意

要点

●初入职场时，有时会难以融入同事们的闲聊，经常会碰到由于对大家口中的人或事不了解，不知道那个场合下自己该用什么表情，从而感到不自在的情况。但是，即使你不了解他们聊天的内容，也要忍耐一下，不要表现出"和自己没有关系"的态度或困惑的表情。

●场景 1 中的前倾姿势，场景 2 中的点头，不仅表示你在倾听，也会向对方传递"我对你们有兴趣，想要早点加入你们的行列"的信息。

令人感觉良好的态度

●向前探身（前倾）

●在对方讲话时注视着对方的眼睛

●没有手部活动等小动作

●微笑

●表情丰富

●大幅度点头

●有"啊——""原来如此""然后呢"等推进式附和语言

令人感觉不舒服的态度

●扬起头站着

●靠在椅背上坐着

●抱胳膊或跷二郎腿

●不看对方的眼睛或脸

●转笔等手部活动

●不断摆弄头发或资料

●抖腿

●面无表情

●身体动来动去，焦躁不安

●在对方说话时不点头示意

●没有反应

●在他人说话时，时不时看手表或墙上的时钟

25　被称赞时

1. 像一个人自言自语一样，😄"哇，好开心！"😄

　（同时配上双手放到脸颊处，或小幅度拍手，或两手握拳等肢体语言）

2. 认真看向对方，😄"<u>谢谢！</u>"😄

要点

●正如第四章所述，被夸奖后，要坦率地表达自己的喜悦和感谢之情。

●像上述场景 1 中那样自言自语地说出来，对方会觉得你是将发自内心的愉悦之情不小心说了出来，感觉上会更加真实。

●如果是男性的话，请从做出小小的握拳动作开始练习。观察周围人的动作，如果有觉得比较值得学习的就试着模仿吧。最初可能会比较笨拙，但只要多加练习，就能将情感很好地附着到肢体语言上（见图 16）。

●没必要以"没有没有"来否定对方的称赞，不必过于谦逊。对方可能是有所企图，或仅仅是奉承，但是你接受即可，没必要去揣测对方内心的真实想法，只要感到高兴就行。如果自己的内心充满正能量，心态就会变好，周围的人也会因为你的这种状态而对你产生好感。

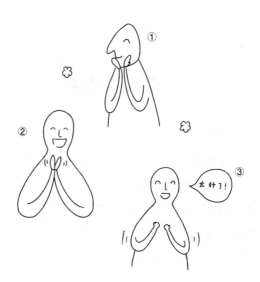

图 16　被称赞时的反应

①双手捧住脸颊；

②将手放在脸颊下方小幅度拍手；

③自言自语似的小声说出"好开心""太好了"，

同时两手握拳，轻轻振臂。

个人生活中

不管是关系好的朋友，还是在电车里让座的对象，如果能让对方感觉"我喜欢这个人"，就能进一步磨炼你的社交能力。打开能给对方和自己都带来快乐的开关的人，是你。

26　（早晨）上班途中

1. 微微鞠躬：

😄 " （××）早上好！" 😄

2. 😄 "我先走啦！" 😄

3. 😊 走出去

要点

● 在上班途中，如果遇到了邻居，即使相隔有一点距离也要毫不犹豫地大声打招呼。

● 从场景 1 到场景 3 再回到待机式微笑的过程中，要始终与对方的目光相对，并保持笑的状态。

● 时间充裕的时候，打招呼时如果能将上半身倾向对方，会提升对方对你的好感度。

● 无论是乘坐地铁、公交车，还是走路，要一直保持待机式微笑。

● 美好的一天从微笑开始，让彼此以愉快的心情开始新的一天。

27 与朋友在车站碰面时

如果看见朋友先到达集合地点，

1. 😄一边挥手示意，一边喊"××！好久不见！" 😄
2. 快要靠近对方时，先简单表现出因对方先到而感到歉疚的心情，"等很久了吗？"

如果朋友说"我也刚到"，

3. 😲"那就好——" 😄

要点

●上述场景 1 中刚开始挥手示意时，为了充分表达"很高兴见到你"的心情，可以微微夸张地挥手。就像是天真的孩子一边跳跃着一边用全身向母亲示意"妈妈我在这里！"那样的动作。我建议大家可以做简单的跳跃、反复伸直脊背的动作（见图 17）。

●将上述场景 2 中的话用低沉音调讲出来，可以传达"如果让你久等了，我实在抱歉"的心情。

●即使是熟悉的朋友，也存在"粉色滤镜"和"黑色滤镜"。通过见面瞬间的尽情式笑容，让对方给自己戴上更深的"粉色滤镜"吧。这样一来，之后的交谈或一起体验的一切都会使双方变得更加欢欣雀跃，进而度过愉快的一天。

图 17　与朋友碰面时

　　大幅度挥动手臂，喊出对方的名字。略微跳起，
表达与对方见面的喜悦之情。

28 与朋友分别时

1. 认真注视着对方的眼睛，以上半身微微前倾、将心脏递给对方的姿态说：

😆 "今天非常开心！" 😆

2. "谢谢！😄我们下次再一起去！（边挥手）那，再见啦！"

3. 稍微走远一点后再次回头，以比刚刚更大的幅度挥手

（同时微微跳起）😄，分别后，😄→😊

要点

●分别时对方的表情会留在我们的脑海中，如果接收到对方"非常愉快""很开心"的信号，就会一直保持对对方的正向情感。

●相反，如果自己觉得"今天很开心"，但对方的表情却很冷淡，你就会想对方是不是觉得很无聊，从而心情低落。所以，如果我们想要让对方产生"今天能与你见面真好，还想再次见面"的感觉，我们在分别时的表现就尤为重要。

●如果是比较亲密的关系，可以一边说场景 2 中的"谢谢"一边试着触碰对方的手肘（见图 18），同时也要根据与对方的关系，在接触之前调整距离。

●人都有不想让他人靠近的个人安全距离，触碰代表个人安全距离变成零，所以我们更容易与关系亲密的人缩短距离。反之，和关系较浅的人则要保持安全距离，通过日后的相处一点点地缩短距离。

图 18　与朋友分别时的肢体语言

①上半身微微前倾，手从侧面伸向对方的手肘附近；

②稍微走远一点后再回过头来大幅度挥手，可以向对方传达"今天见面很开心""依依不舍"的心情。

29 在地铁上让座时

1. 一边从座位上站起来,一边以😊说:"你好,请这边坐吧!"😄
2. 看着对方的脸,用手指着座位,然后自己走去稍微远一点的地方
→😊

要点

●有人会认为没必要让很可能不会见第二次面的人喜欢自己,但能在任何场合都呈现出同一种态度,是使你受欢迎的基础,因此不要因为对利害得失的考虑而改变自己的态度。

●为了不让对方顾虑到自己,要移动到对方看不见自己的地方。

●让座后的表情正是让人产生好感的重点,保持待机式微笑,可以减轻对方的"负罪感",甚至让周围的人也觉得遇到了让人心情愉悦的一幕。

●以被让座一方的角度看,这是一件非常值得感恩和高兴的事,但如果让座的人的表情让人感觉不舒服的话,被让座方就会想"是不是我迫使他这么做",从而无法心情舒畅地接受让座。这样的话,让座背后亲切又温暖的想法就没法传递给对方了。

后 记 ☺

空気を読まずに
0.1秒で好かれ
る方法 ☺

　　某次企业培训结束返程的时候，该企业的人才培养负责人问了我这样一个问题：

　　"我经常听到'在工作中要建立另一个自己，扮演另一个自己'这样的说法。老师在培训中也教了我们使用笑容的方法，这是不是就是扮演另一个自己？而且，老师在培训中说'要好好享受工作'，但扮演不同的人和享受工作能同时做到吗？"

　　听到这个问题的一瞬，我感觉出这位负责人应该是对区别表现内在和外在的自己感到困惑。他在疑惑连自己都觉得做起来有些痛苦的方法，是否真的适合教给新入职的员工。

我当时进行了自我反省，在想自己是否没有在培训中充分传达自己的真实意图。我在这本书里介绍的受欢迎模式和演绎另一个自己是完全不同的。

　　我所介绍的是，将你内心原本就有却被隐藏了的真实情感，更好地传达给对方的"模式"。

　　以棒球为例。作为击球手，明明有充分的击球能力，但由于姿势不佳，没能发挥出真正实力的情况并不少见。如果了解了良好的姿势，经过练习掌握之后，应该就可以发挥出自己真正的水平，甚至超常发挥。

　　因为希望大家能理解这种感觉，所以我在本书中将这种"形式"改称为"模式"。

　　只要让身体记住这些模式，今后就可以自然而然地表现出来了。

　　这绝对不是伪装自己或者扮演不同的人。

　　那么，这种受欢迎模式为何与享受工作有关呢？这是因为它十分有效。

　　拿投接球运动来做比喻，接住（应付）对方投出的移动球很难，但如果是自己投球，只要记住几种模式，注意观察，将球投向对方容易接到的位置并不是那么难。不同的人容易接到球的位置并没有太大不同，所以大致记住几种投球模式即可。而且，如果你投出的球都非常易于让对方接住，对方也会很高兴。

回到人际关系的话题。你不需要根据对方的反应来改变自己的模式。只要实践了这一模式，几乎所有的人都会对你持有好感，感觉与你聊天很轻松。

如果更多地将这种受欢迎模式应用到工作场所、合作公司和客户之间，又会如何呢？

你会发现，当你掌握了这种受欢迎模式后，它就会转变成你的舒适模式，你的内心也会变得更轻松、更积极。不知不觉中，你的语言和想法也会变得积极起来。

回顾过去，那时我还没有掌握这种受欢迎模式，为了避免被周围的人讨厌或伤害，只能看别人的脸色行事，扼杀自我，就算有不同的想法也会沉默地附和周围的人——觉得不表现自己，就不会招致多余的风波。

这样一来，我和周围人相处得确实比以前好了。但与此同时，我无法表达自己的所思所感，所做的只是一味地压抑自己，这样的生活令我感到窒息。那段时间，我丢失了自我，差点忘了自己还活着。可能你会觉得有些夸张，但我的感受的确是这样的。

不过，当我尝试了这种受欢迎模式后，我就可以坦率地说出我的真实想法，并且这些想法都会被周围的人所接受。成长到这一步，我花了相当长的时间。

　　正因为我自己走了这么多的弯路，所以我希望拿到这本书的各位能够在一开始就掌握这一模式。他人对你的印象变好后，你会更容易看到他人的笑容，也更容易与他人亲近。如果对方产生积极的反应，你与其的生疏感就会消失，人际交往就会变得愉悦且轻松。不仅如此，安全感还会使你更加自信，让你总是洋溢出发自内心的笑容。

　　也许有人会认为，反正是工作，隐藏和伪装自己也无所谓。但即便你表面功夫练得再好，也会很快被对方识破，只是你本人意识不到罢了。

　　况且，人是无法成为非本真的自己的，就算表面上能掩饰，身心也会感到疲惫。

　　我写本书的目的是让大家无论在工作还是在个人生活中，都能以真实的自我、以自己喜欢的方式生活。

　　重要的是，无论何时，你的语言或心情都是由自己主动传递给对方的。不要等着对方投来的"球"，你要主动向周围投出愉悦的"球"，这样你与周围人的关系自然就会变好。

　　如果这种受欢迎模式被别人讨厌怎么办？别人会怎么看我呀？请像在大热天里甩掉外套一样，将这种担心扔掉吧，因为这是一种让你回归本真的模式。

　　我衷心希望大家的每一天都能充满灿烂的笑容。

　　在出版这本书时，我得到了许多人的帮助，他们每一个人的面容都印刻在我的脑海里，使我发自内心地充满了感激。最后，向朝日新闻出版社的各位、将这种形式变成能触动更多人的"模式"的编辑森铃香，以及参与了本书制作的各位表示衷心的感谢！

　　真的非常感谢！

2018 年 5 月

柳沼佐千子

图书在版编目（ＣＩＰ）数据

第一印象手册 / （日）柳沼佐千子著；王楠译. --
杭州：浙江大学出版社，2020.3

书名原文：空気を読まずに0.1秒で好かれる方法

ISBN 978-7-308-19729-8

Ⅰ.①第… Ⅱ.①柳… ②王… Ⅲ.①人际关系—通
俗读物 Ⅳ.①C912.11-49

中国版本图书馆CIP数据核字（2019）第257196号

浙江省版权局著作权合同登记图字：11-2019-366 号

第一印象手册

［日］柳沼佐千子　著；王　楠　译

策　　划	杭州蓝狮子文化创意股份有限公司	
责任编辑	张一弛	
责任校对	丁沛岚	
封面设计	张志凯	
出版发行	浙江大学出版社	
	（杭州市天目山路148号　邮政编码310007）	
	（网址：http://www.zjupress.com）	
排　　版	杭州真凯文化艺术有限公司	
印　　刷	浙江印刷集团有限公司	
开　　本	880mm×1230mm　1/32	
印　　张	6	
字　　数	95千	
版 印 次	2020年3月第1版　2020年3月第1次印刷	
书　　号	ISBN 978-7-308-19729-8	
定　　价	42.00元	

版权所有　翻印必究　印装差错　负责调换

浙江大学出版社市场运营中心联系方式：（0571）88925591；http://zjdxcbs.tmall.com